JN004734

羊毛フェルトの

ちっちゃなうさぎ

Chocolat Box
畑牧子

河出書房新社

INTRODUCTION

『リアルかわいい羊毛フェルトのうさぎ』を出版して7年目となる卯年の今年、
ご要望の多かったミニサイズのうさぎの本を出せることになりました。

はじめての人でもかわいく、リアルを追求して作れるよう、
テクニックも簡単で失敗しづらいものを新しく紹介しています。
立体のベースを刺し固めるときのガイドとなる型紙も掲載していますので、
本を見ながらぜひチャレンジしてみてください。

羊毛フェルトは、愛らしいうさぎのふわふわとした手触りそのままに作ることができる材料です。
毛の色も混ぜ合わせて思い通りの色が作れます。

お気に入りの子が見つかりますように。

畑牧子

CONTENTS

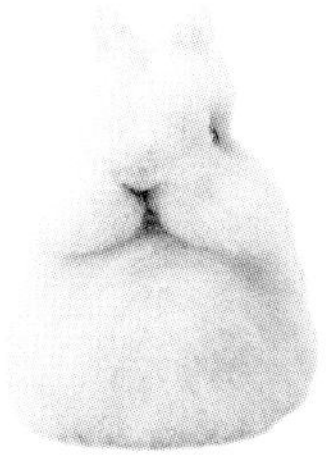

ホーランドロップ

フロスティ

うわあ、そっくり！

HOW TO MAKE p.45

HOLLAND LOP

このマフラーは
あの子に…

ホーランドロップ

リンクス

HOW TO MAKE p.46

ファジーホーランドロップ

ブロークンオレンジ

HOW TO MAKE p48

FUZZY HOLLAND LOP

ネザーランドドワーフ オレンジ と
ミニうさぎ ライラック系

HOW TO MAKE
(写真左)p.35
(写真右)p.50

NETHERLAND
DWARF &
MINI RABBIT

ライオンヘッド（セーブルポイント）と
アメリカンファジーロップ（オレンジ）、
ジャージーウーリー（ブラックオター）（ルビーアイドホワイト）

HOW TO MAKE　（写真左端）p.52 ／（写真左から2番目）p.54 ／（写真左から3番目と4番目）p.56

LION
HEAD

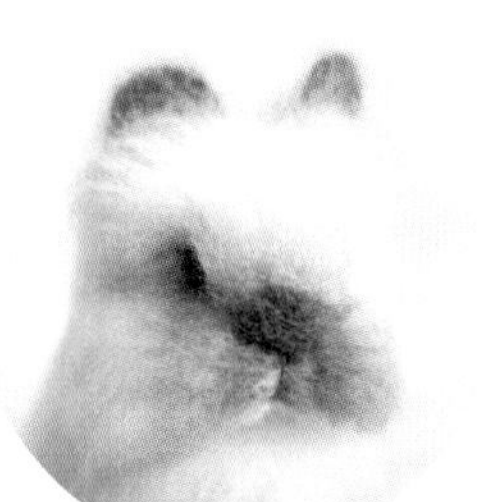

AMERICAN
FUZZY
LOP

JERSEY
WOOLY

JERSEY
WOOLY

イングリッシュ
アンゴラ

ブルー

ENGLISH
ANGORA

HOW
TO
MAKE
p.58

イングリッシュアンゴラのお誕生日なんだね

おめでとう！

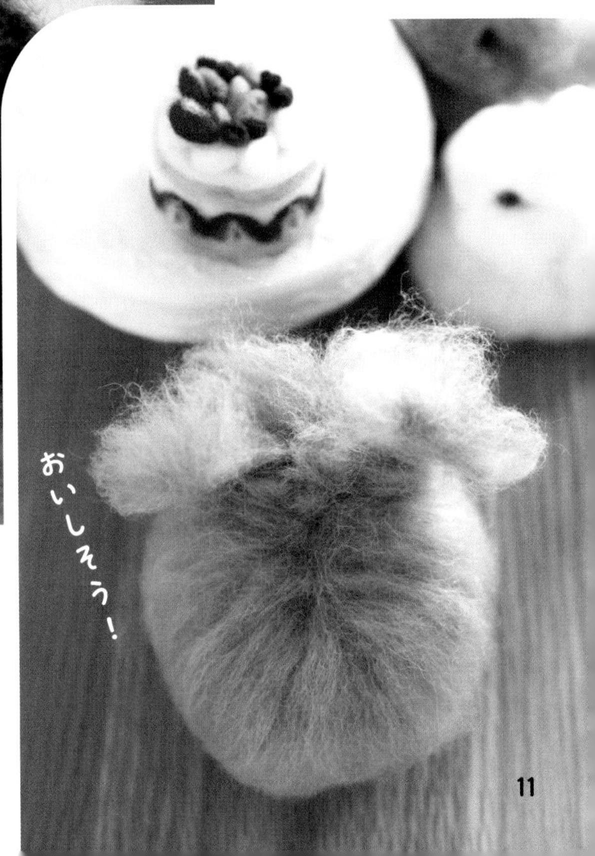
おいしそう！

NETHERLAND DWARF

ネザーランドドワーフ

オレンジ と チェスナット

HOW TO MAKE

(写真左)p.35
(写真右)p.47

ピクニックに
行こう♪

ここで食べようか？

ダッチ チョコレート と
ミニうさぎ フォーン系

私たち、
きれい好きなのよ

お顔も
しっかり
洗いましょ

HOW
TO MAKE
（写真左）p.60
（写真右）p.62

DUTCH &
NETHERLAND
DWARF

お手紙って
すてきなもの

フレンチアンゴラ　フォーン

HOW TO MAKE p.64

FRENCH ANGORA

HOW
TO
MAKE
p.66

MINI REX

ミニレッキス ブロークンブラック

MINI LOP

カメラが趣味って
言ってなかった？

HOW TO MAKE p.68

ミニロップ ブルー

フレンチロップ

トライカラー

HOW TO MAKE p.70

NETHERLAND DWARF

ネザーランドドワーフ

チョコレートヒマラヤン

HOW TO MAKE p.50

おやつがほしいの

左上から時計回りに、A イングリッシュアンゴラ（ブルーアイドホワイト）、B ネザーランドドワーフ（ブルーオター）、C ホーランドロップ（トータスブラック）、D ネザーランドドワーフ（サイアミーズセーブル）、E ホーランドロップ（ブロークンオパール）、F ホーランドロップ（チンチラ）、G ジャージーウーリー（スモークパール）、H ダッチ（ブラック）、I ミニレッキス（キャスター）

HOW TO MAKE p.27～34

MATERIALS & TOOLS

羊毛うさぎの材料と道具

アクレーヌでベースを作り、羊毛を刺しつけて植毛します。いずれもニードルが必要ですが、針先に「かえし」がついた羊毛フェルト専用のものを用意しましょう。作業するときはマットを敷いて安全に作業をしてください。

ベース用

アクレーヌ

アクリル繊維。羊毛に比べて早くまとまりやすく、毛羽も出にくいので羊毛を刺しつけやすい。／ハマナカ

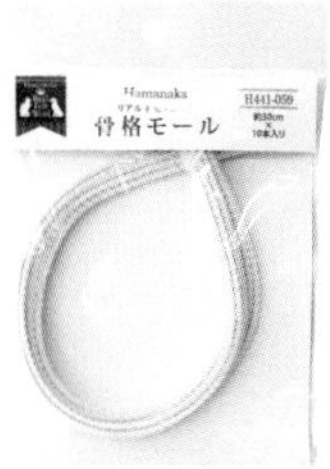

骨格モール

立体作品の足の芯材に使う。ワイヤーが入っているので、完成後にポーズを変えることもできる。／ハマナカ

シートフェルト

平面作品のベースに使う。

パーツ用

アイパーツ

ぬいぐるみ用の刺し目。本書では艶感のあるグラスアイとプラスチック製の2種類を使用。

エクシードウール

鼻や口のラインを表現するときに、よりをほどいて1本どりで使う。／ハマナカ

道具

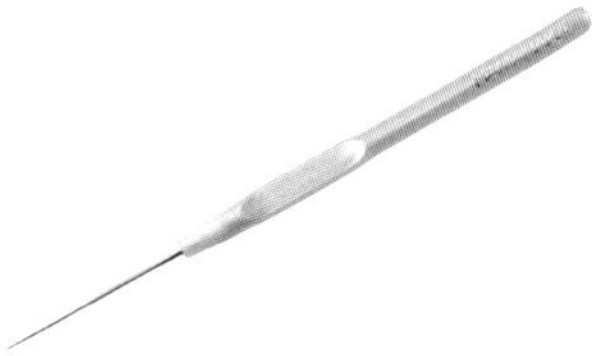

1本針

フェルティング専用のニードル。基本はこれですべて作業できる。

フェルティング用ハンドニードル（1本柄付きタイプ）／ハマナカ

3本針

刺しつける作業がスピーディになる3本針。広い面を刺しつけるときにあると便利。

フェルトパンチャー〈3本針〉／クロバー

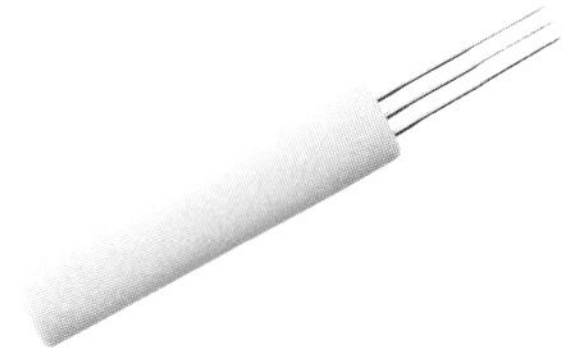

並列3本針

針が一列に並んでいるので、V字植毛の仮どめや耳の側面を整えるときにあると便利。

フェルティング用ハンドニードル（3本並列タイプ）／ハマナカ

スポンジマット

小さなパーツのベースを作るときに敷くスポンジ状のマット。

フェルトパンチャー用スポンジマット／クロバー

ブラシマット

ニードルを使うときに敷くマット。ブラシ状なので抵抗が少なく、ベースの制作やブローチの刺しつけ作業がスムーズ。

フェルトパンチャー用ブラシマット／クロバー

植毛用

植毛ストレート

毛並み表現用に作られた植毛専用の羊毛。繊維がしなやかでそろいやすい。／ハマナカ

こだわりどうぶつ作りのための羊毛

数色の羊毛をミックスしてリアルな動物の色を再現した羊毛。／ハマナカ

※材料表では「こだわり羊毛」と省略しています。

フェルト羊毛ミックス

同系色の羊毛をミックスし、濃淡のニュアンスがある羊毛。／ハマナカ

※材料表では「ミックス」と省略しています。

フェルト羊毛ソリッド

メリノウール100％のスタンダードな羊毛。本書では白(1)と黒(9)を主に使用。／ハマナカ

※材料表では「ソリッド」と省略しています。

Chocolat Box®
オリジナル羊毛

うさぎの毛色を表現するために染色された羊毛。オレンジやフォーンなど計6色。／Chocolat Box®

※材料表では「Chocolat Box」と省略しています。

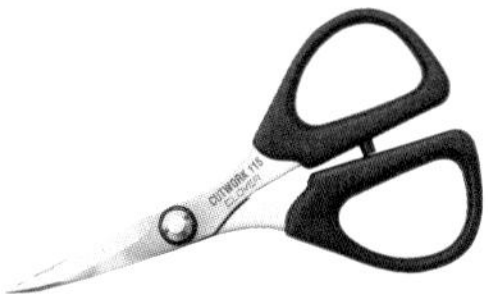

ハサミ

羊毛のカットに使うソーイング用のハサミ。毛先を整えるのにも使うので、刃先の細い反り刃がおすすめ。

カットワークはさみソリ刃115／クロバー

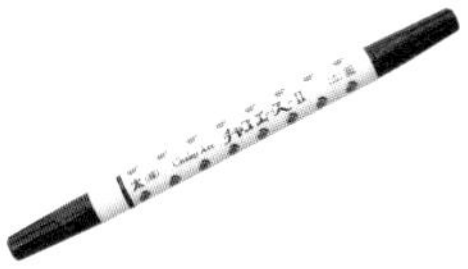

チャコペン

鼻や口を下描きしたり、アイパーツの位置をガイドするのに使う。時間が経つと消える水性タイプがよい。

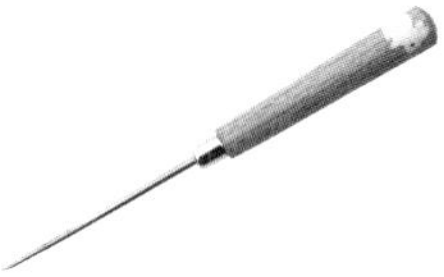

千枚通し

目をつけるときに使う。うさぎの目は顔の側面についているので、両目を貫通できる長さのものを。

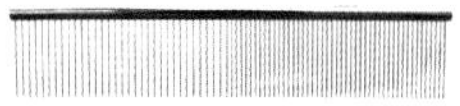

コーム

毛流れを整えるときに使う。ペットのトリミング用がおすすめ。

接着剤

アイパーツやひげなどをつける際は木工用ボンドを使用。ブローチ金具などの接着には多用途接着剤を用意。

デジタル秤

目分量で羊毛を取り分けてもよいが、何種類かの羊毛を混ぜるときにはあると便利。

BASIC TECHNIQUE

基本テクニック

ここではすべての作品に共通する「ベースの作り方」と
毛並みを表現する植毛の方法を紹介します。

羊毛の混ぜ方　羊毛を混ぜてリアルな毛の色に近づけます。

手でで混ぜる

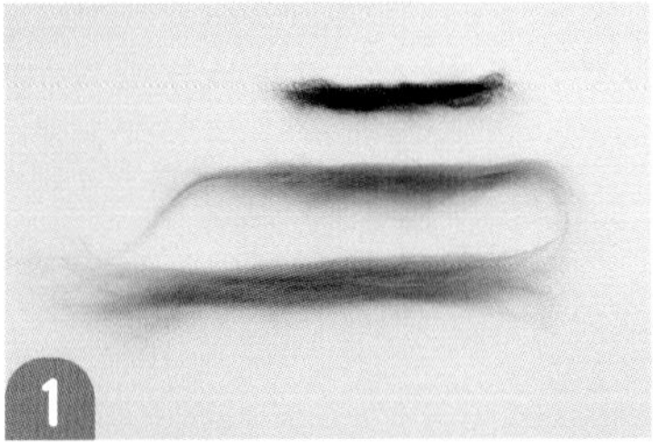

1 羊毛を用意する。写真はトータスブラック(p.34)のボディカラー用。

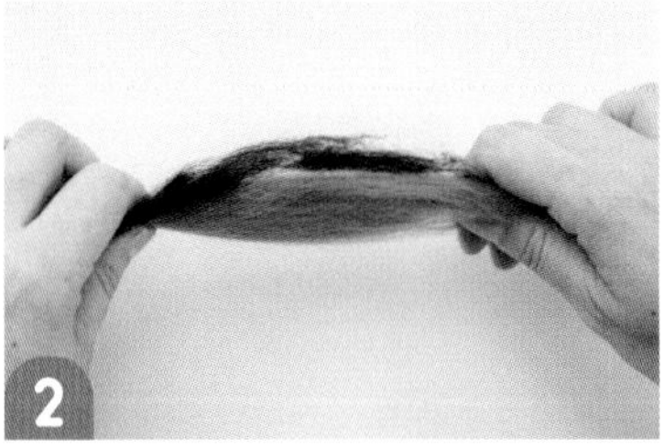

2 羊毛を重ね、両端を軽くつかむ。

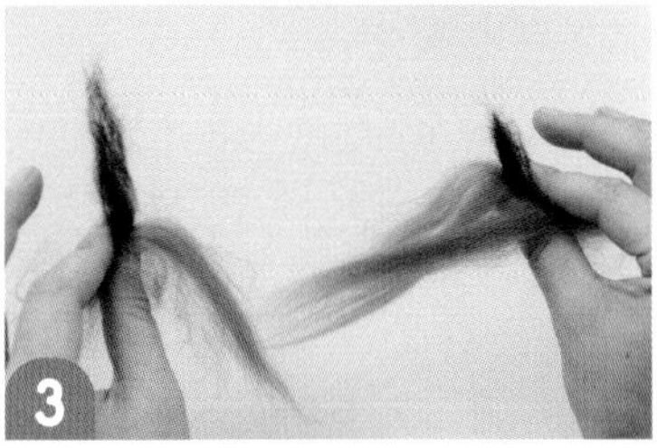

3 力を入れずにふんわりと引っぱる。

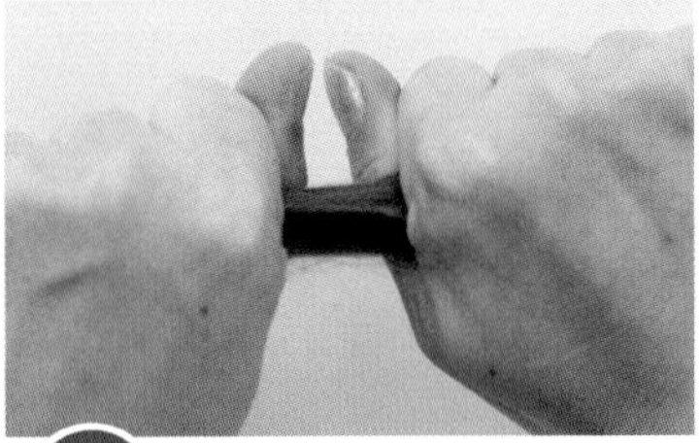

NG ギュッと力まかせに引っぱるとうまく分かれない。

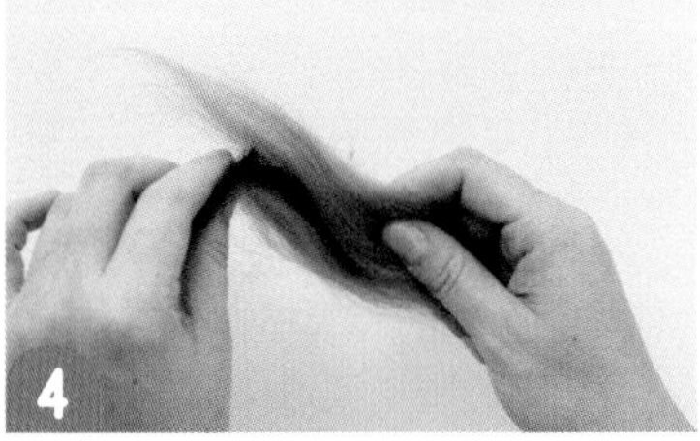

4 2つに分けた羊毛を重ね、同様に繰り返す。

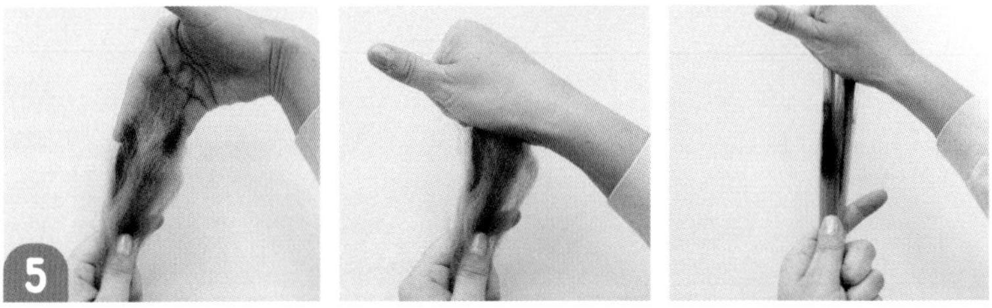

5 ある程度混ぜたら、少量ずつさらに細かく混ぜていく。一方の手(左手)で羊毛を持ち、もう一方(右手)で先端をつかんだら、力を抜いて引っぱり、分けた羊毛を重ねて繰り返す。

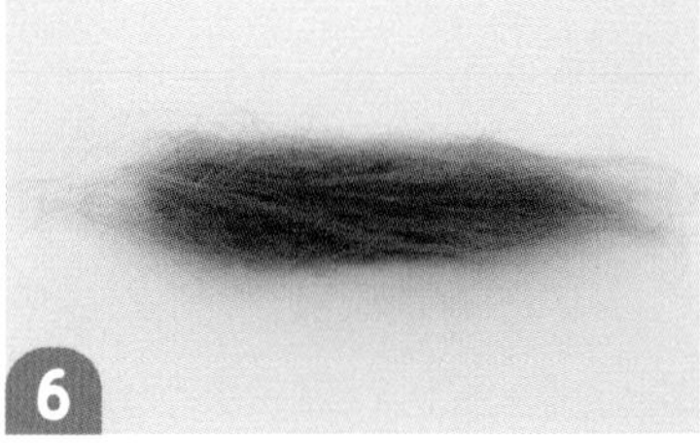

6 混色できたところ。

カーダーで混ぜる

ハンドカーダー
繊維を混色する際の専用の道具。2本1組で使う。

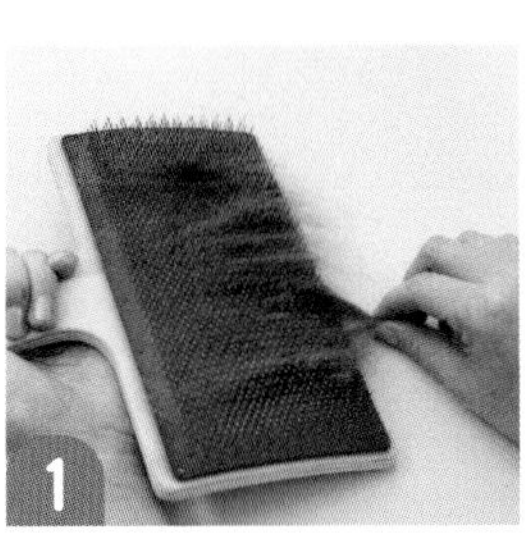

1 羊毛を小分けにして(3gくらいまで)、片方のカーダーにのせる。

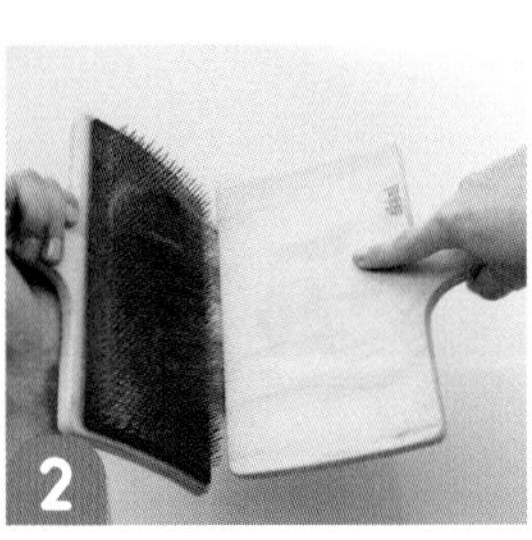

2 もう一方のカーダーを上から下に引いて、移し取るようにする。羊毛が2つのカーダーに交互に移るようにしながら繰り返す。

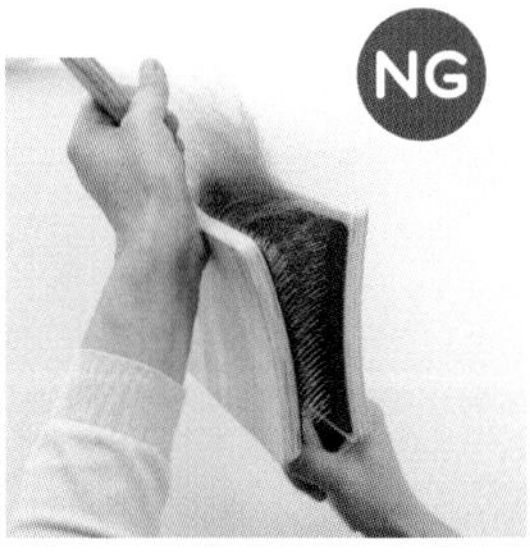

NG ぴったり重ねて引くと動かない。こするとダマになるので注意。

ベースの作り方

植毛する前のベースをアクレーヌで作ります。
最初にしっかり刺しつけて硬い芯を作るのがポイントです。

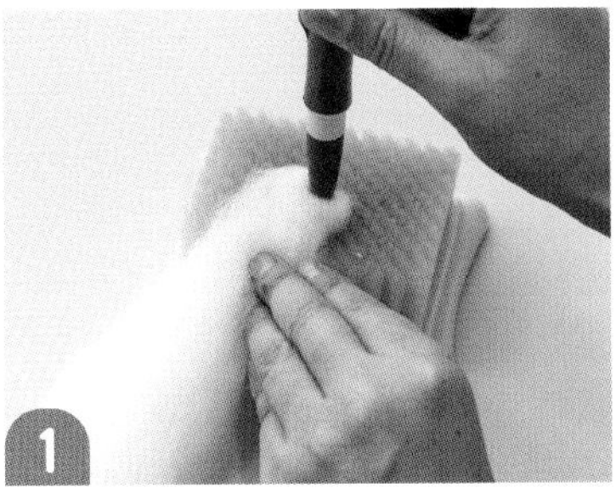

使用量のアクレーヌをとり、先端を折って〈3本針〉で刺し固める。針はまっすぐ深く刺すこと。

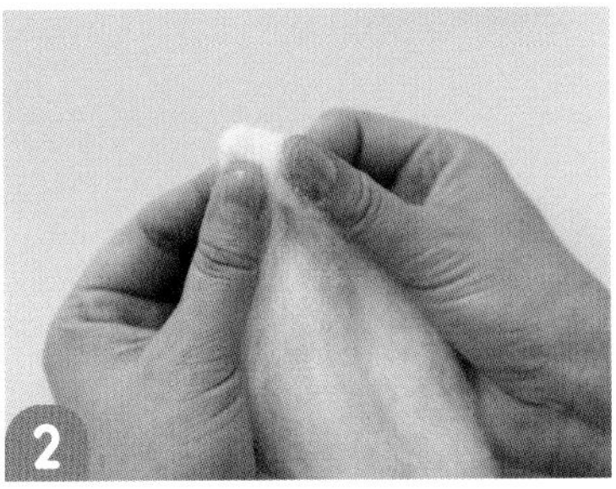

アクレーヌの左右をそれぞれ折り、〈3本針〉で刺し固める。

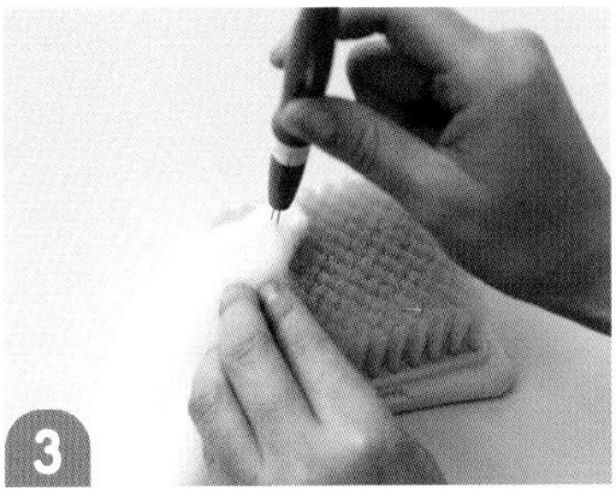

針をまっすぐ深く刺し、3cm角ほどのエリアを刺し固める。

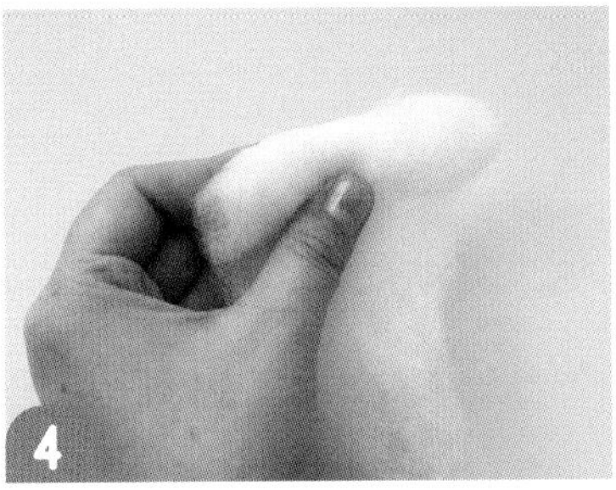

先端をくるくると7回巻く。空気が入らないようにきつく巻くこと。一気に巻ききらない。

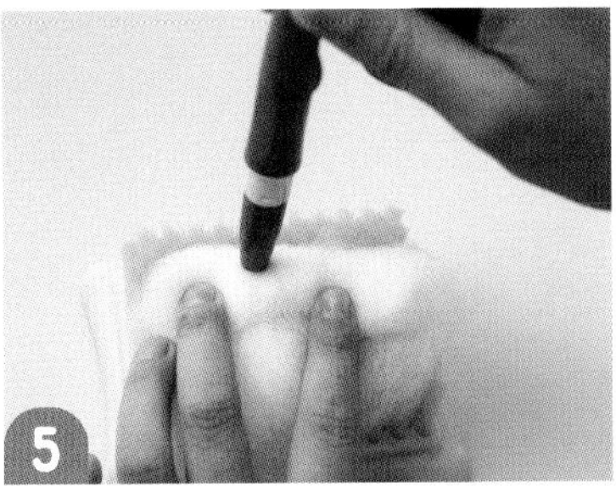

〈3本針〉で刺し固める。同じ場所ばかり刺さずに、まんべんなく刺すこと。

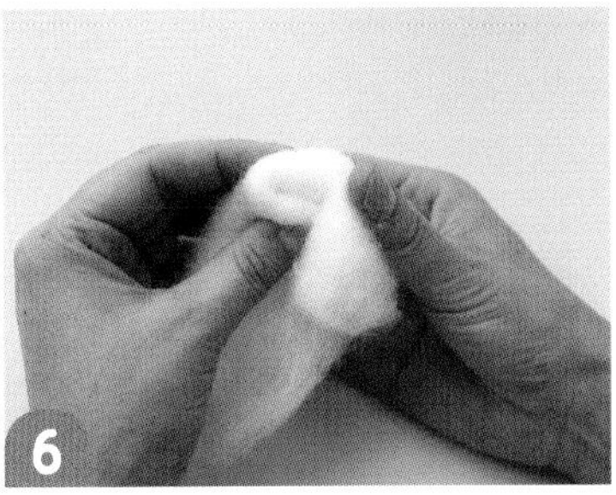

左右をそれぞれ折り、〈3本針〉で刺し固める。

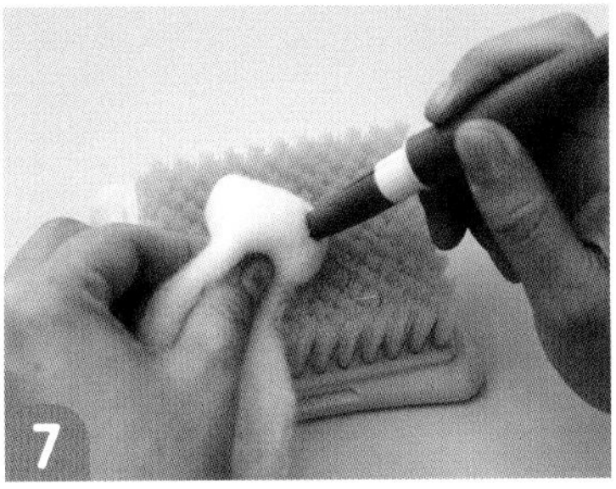

仕上がりの立体感をイメージしながら刺し固める。針はベースの中心に対して直角に刺すこと。

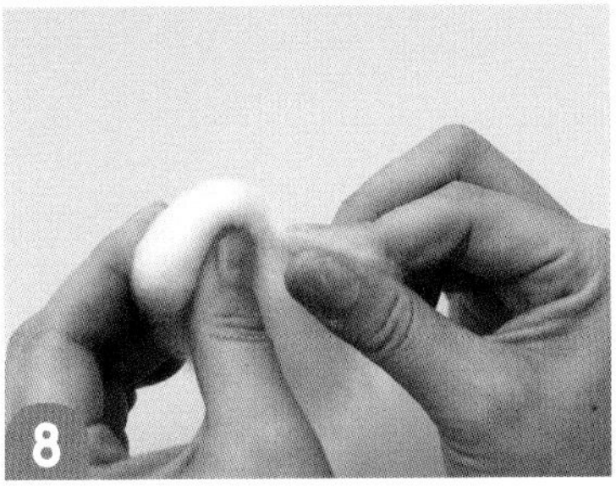

残っているアクレーヌを空気が入らないように引っぱりながら重ねる。

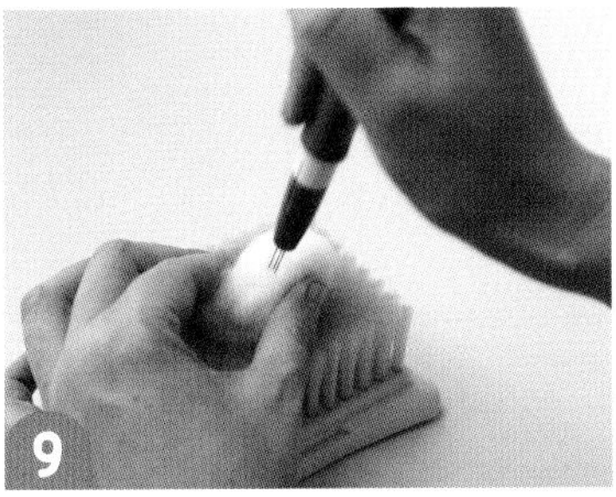

ベースを支える指でギュッと圧をかけながら、刺し固める。仕上がりの形をイメージしながら、ベースの向きを変えてまんべんなく刺し固める。

植毛テクニック❶折り植毛

折ってレイヤーをつけた羊毛を刺しつける技法です。
ボリュームもほどよく出て、時間をかけずに植毛できます。

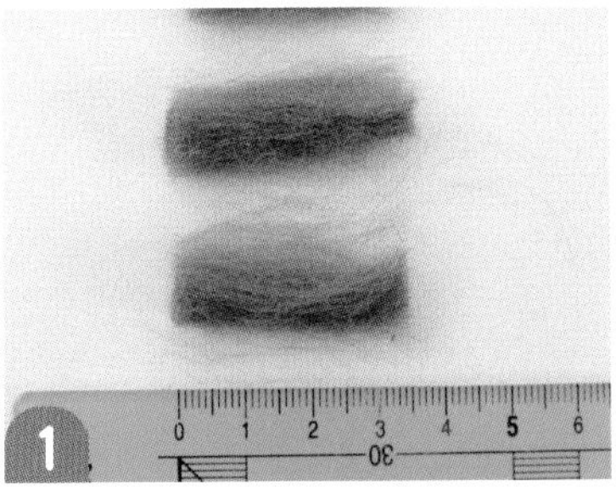

1.5cm幅にとった羊毛を約3cmの長さにハサミでカットする。

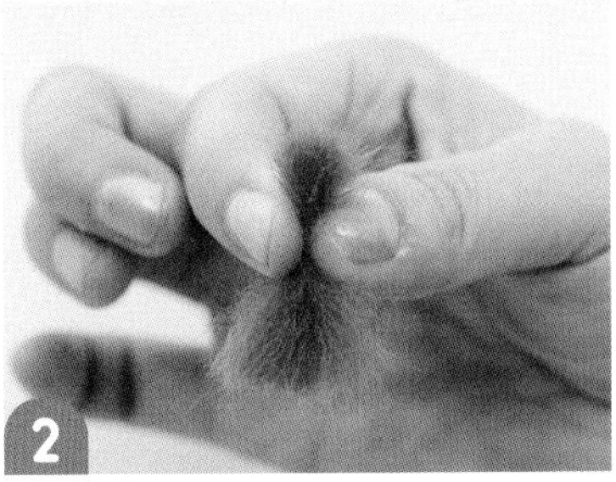

上側1/3ほどを親指と人差し指でつまむ。

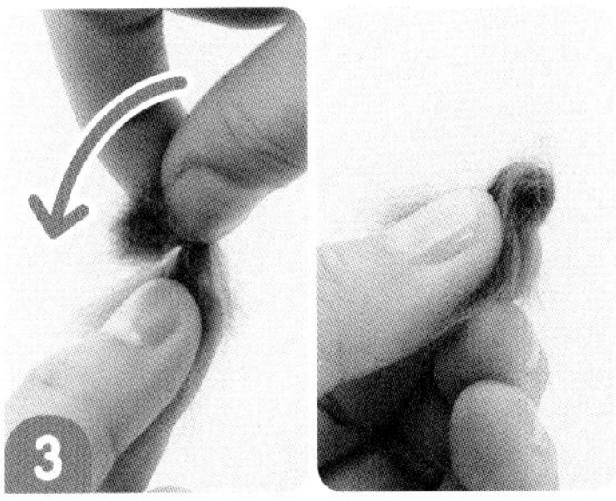

もう一方の指で下側を支えながら、上側を折りたたみ、折り山をつまむ。

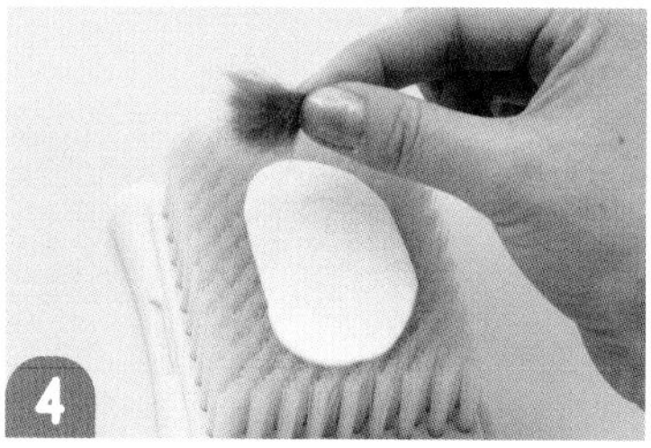

下側が長く上側が短いレイヤーが入った毛束ができる。それをベースに重ねる。

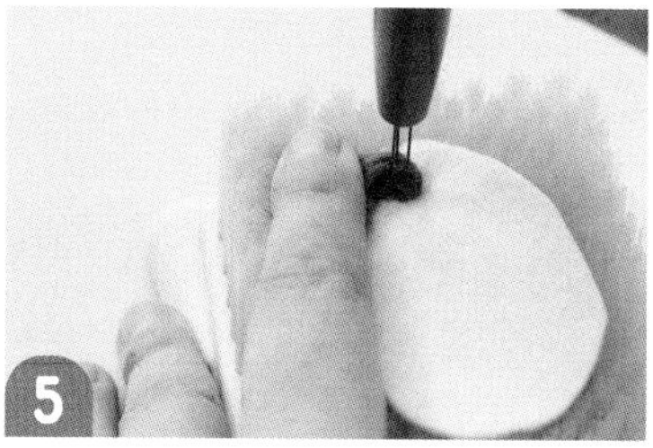

折り山部分を〈3本針〉で20回以上、垂直に深く刺す。反対の手で毛束の先を押さえながら行うとやりやすい。

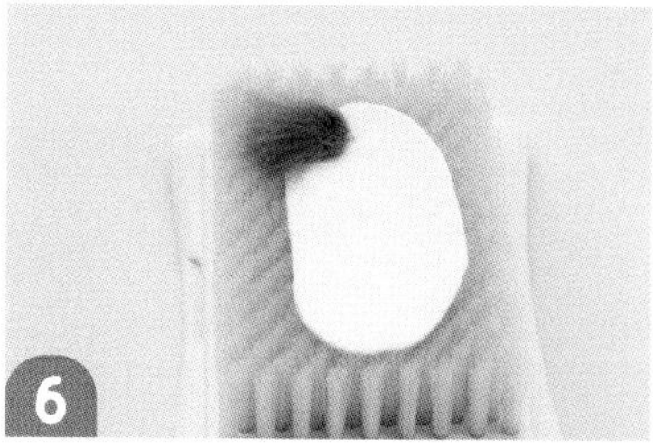

1束を植毛したところ。

2束めを植毛する。1束めに1/3ほど重ね、**5**と同様に〈3本針〉で刺す。

2段めを刺すときは、1段めの束と束の間に置き、1段めの刺し跡を隠す位置に重ねる。

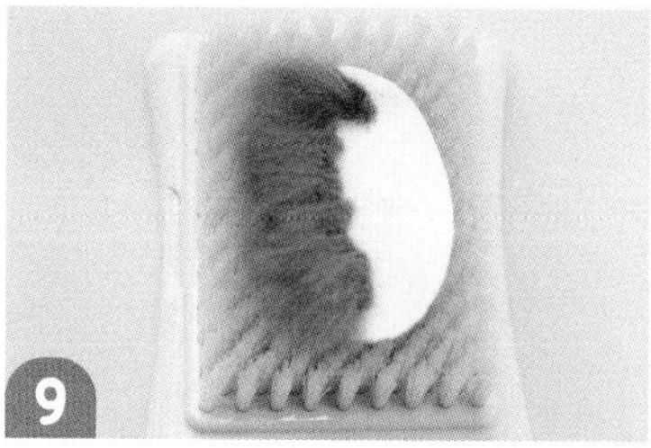

5と同様に〈3本針〉で刺す。

植毛テクニック❷V字植毛

羊毛の中心の近くを刺しつけ、両側の羊毛が毛穴から立ち上がるような仕上がりになる技法です。折り植毛よりもボリュームが出ます。

1.5cm幅にとった羊毛を3cmの長さにカットし、ベースに重ねる。束の半分より少し上を〈並列3本針〉で軽く刺し、仮どめする。

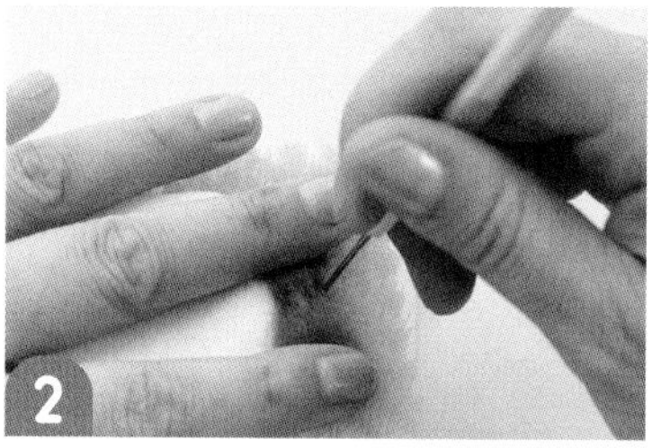

仮どめしたラインを〈1本針〉で深く垂直に刺す。

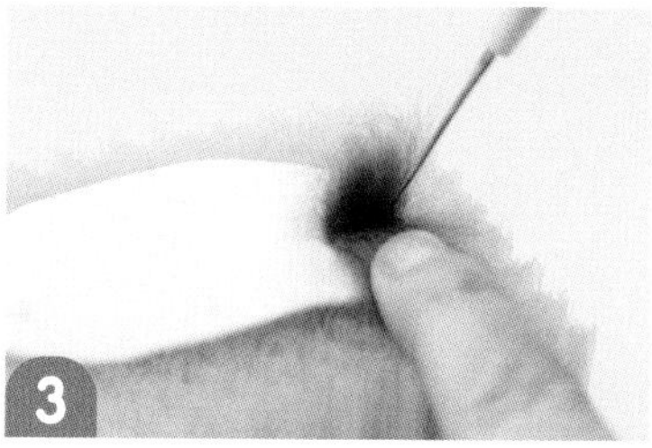

羊毛が立ち上がってくる。

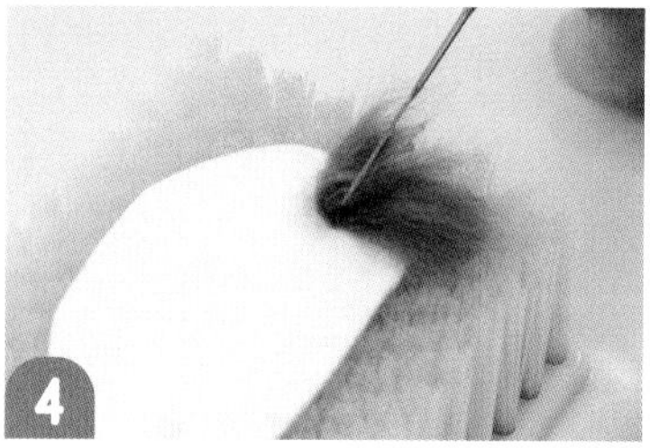

上側の羊毛を針で押さえるようにして下側（手前）に倒す。

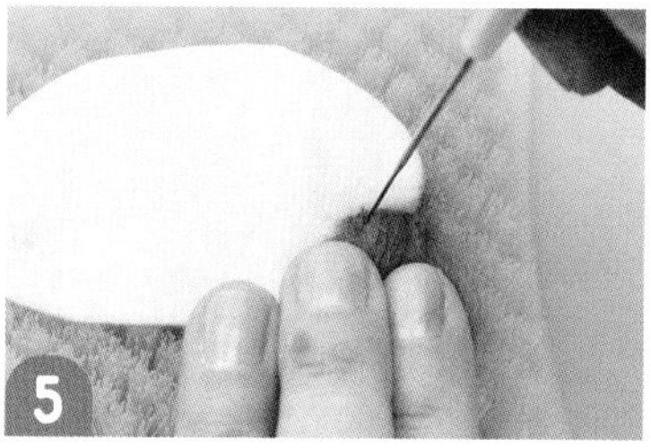

倒した根元を〈1本針〉で刺し、上側の羊毛を落ち着かせる。折り植毛と違い、刺し跡が目立たない。

1束を植毛したところ。

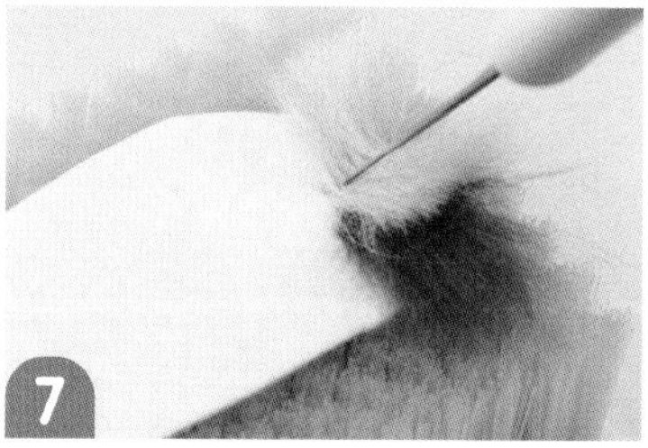

2束めを植毛する。1束めの根元から2mmほど隙間をあけて刺す。

2束めを植毛したところ。

各作品の作り方では、V字植毛をする箇所はVの記号（写真）で指示をしています。

NEEDLE FELT LESSON 1

平面作品を作る

シートフェルトに羊毛を刺しつけて半立体に仕上げます。ブローチやレリーフとして楽しめます。うさぎの顔を作るのに共通のテクニックをネザーランドドワーフで紹介しています。

〘ネザーランドドワーフ〙

ブルーオター

PAGE → p.20

SIZE:幅 7cm×高さ 8cm

材料

羊毛等	**ベース**	シートフェルト
	顔のベース	アクレーヌ（101）1g
	耳のベース	アクレーヌ（114）0.5g
	植毛（グレー） ボディ、顔、背中	ソリッド（55）、 またはChocolat Box（ブルー）7g
	植毛（白） 目の周り、口周り	ソリッド（1）1g
	鼻	植毛（グレー）と同じ
	あご	植毛（白）と同じ
	耳（表）	植毛（グレー）と同じ
	耳（裏）	植毛（白）と同じ
	鼻と口のライン	エクシードウール<並太>（836）
	アイライン	アクレーヌ（112）少量
その他	プラスチックアイ（6mm、または5mm）1個、ハードフェルト、ブローチ台	

1

ボディを作る

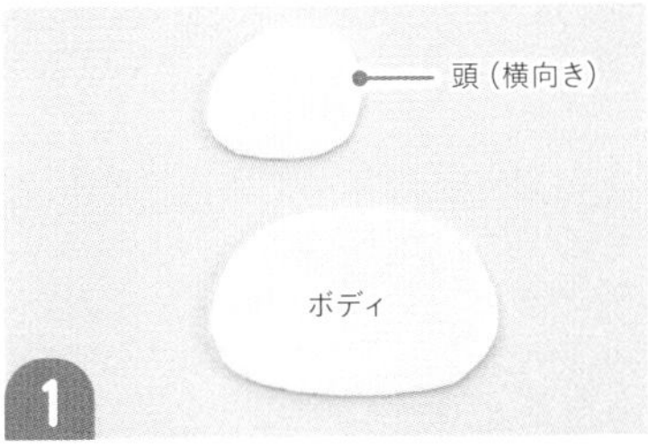

ベース用のシートフェルトを型紙（p.42）に合わせてカットし、頭とボディを用意する。

植毛（グレー）の羊毛でおなか側から［折り植毛］をする。1段め（7束）を植毛したところ。

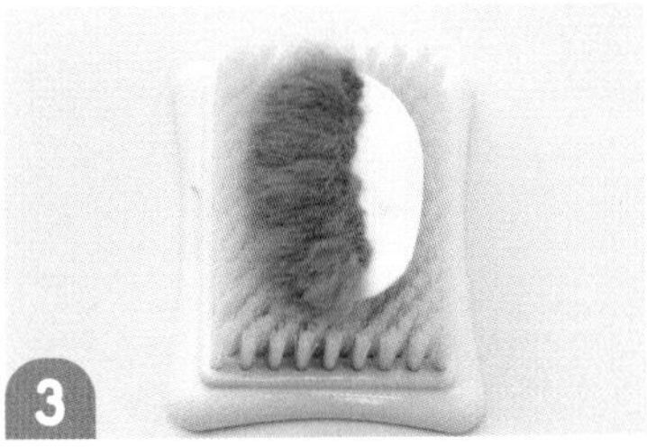

2段め（7束）を植毛したところ。

5段めを植毛したところ。

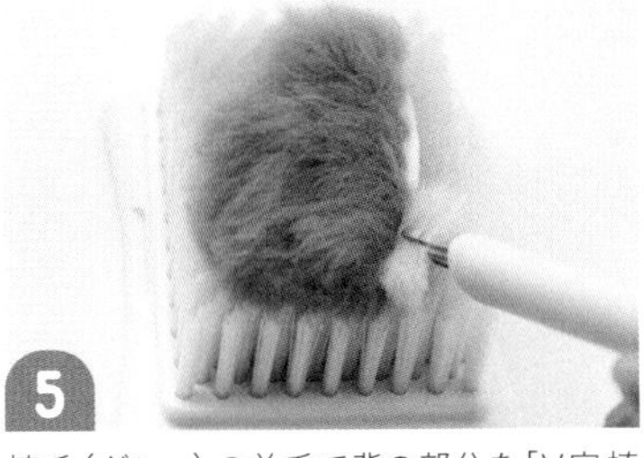

植毛（グレー）の羊毛で背の部分を［V字植毛］する。折り植毛の刺し跡を隠すようにし、毛束を写真の向きに置いて刺す。

※写真はわかりやすいように羊毛の色を変えています。

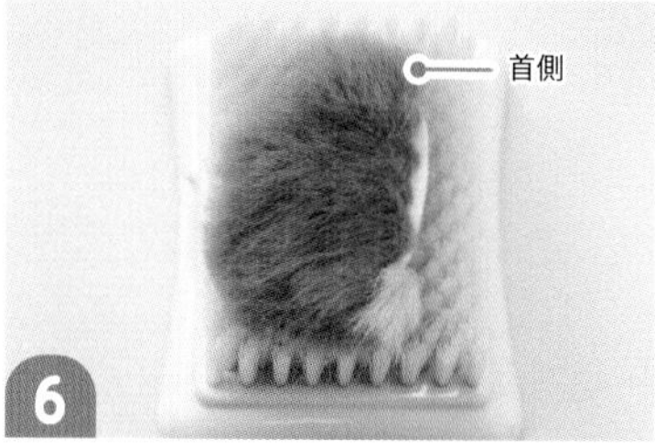

6 1束めを植毛したところ。背中の植毛なので、首からおしり側に毛並みが向くようにする。

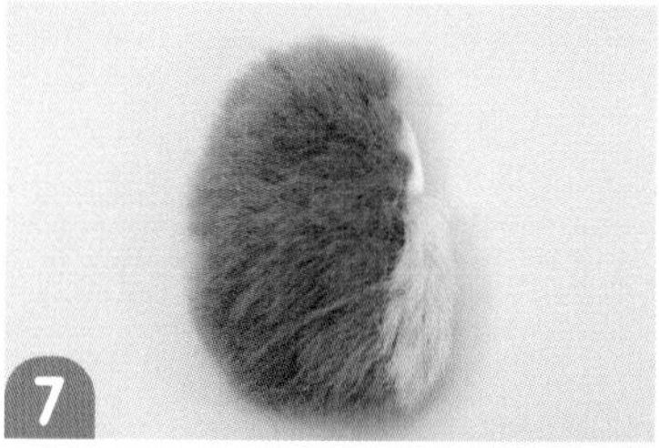

7 背の部分に[V字植毛]で4束植毛したところ。残りは顔をつけるのであいたままでOK。

8 コームでなでるようにし、毛束を整える。

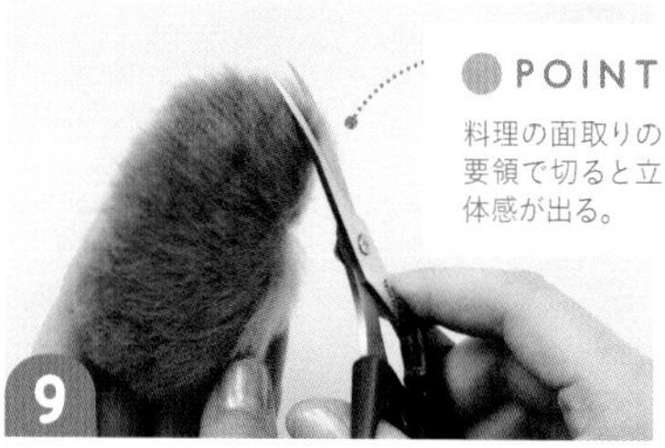

9 毛束の角を丸みを出すようにハサミでカットする。反り刃のカーブを利用するとよい。

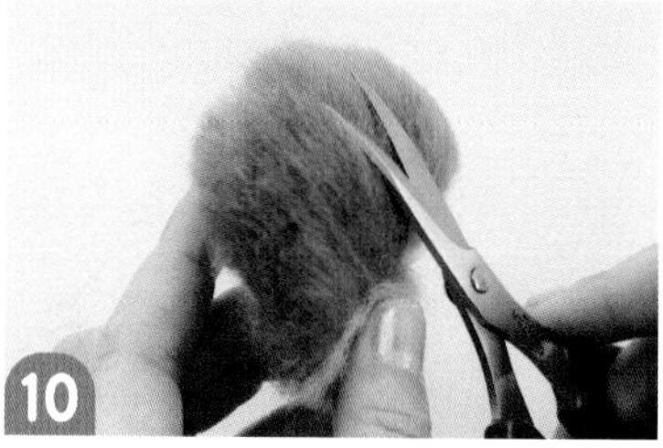

10 毛束の表面も丸みを出すようにハサミでカットする。

11 ハサミでカットし、整えたところ。

ARRANGE ドット模様にする

1 植毛を終えたボディに、模様を入れたい場所に[折り植毛]で羊毛の束を刺しつける。

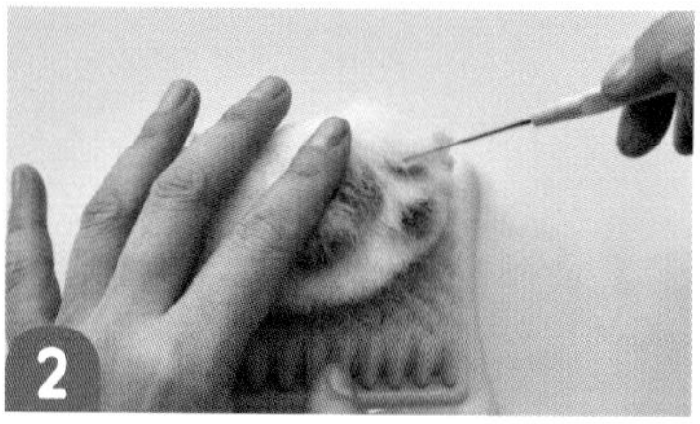

2 模様を入れ終えたら、〈1本針〉で上から下へ毛束をとくようにし、なじませる。

3 ドット模様のできあがり。

2 顔を作る

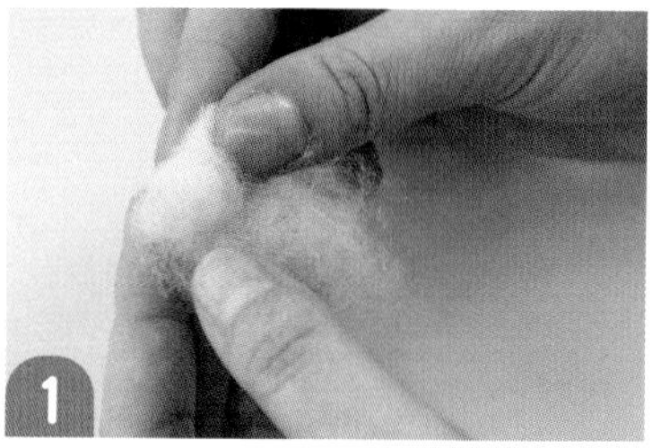

1 顔のベース用のアクレーヌ0.5gをとり、きつめに巻く。※写真はわかりやすいようにアクレーヌの色を変えています。

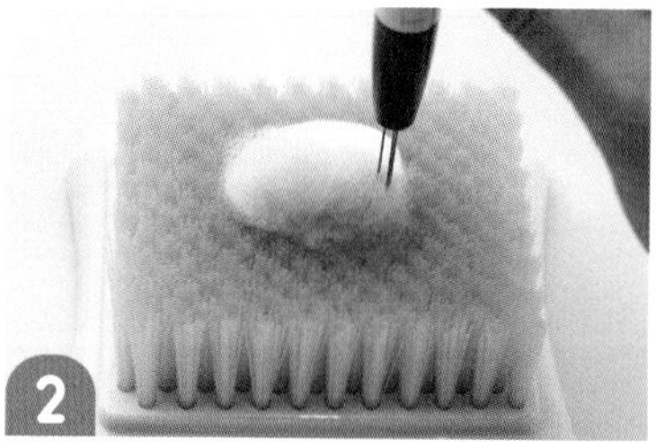

2 顔のシートフェルトの上に1を重ねる。顔のほおから下(下半分)を作るように〈3本針〉で刺し固める。

3 刺し固めたところ。目をつける位置に印をつけておくとよい。

4 顔のベース用のアクレーヌ0.3gをとり、アイパーツを刺す部分を盛り上げるように〈3本針〉で刺し固める。

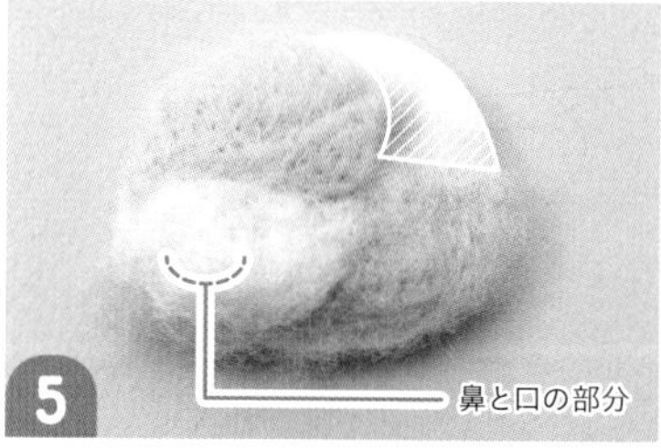

5 顔のベース用のアクレーヌ0.2gをとり、鼻と口の部分を〈3本針〉で刺し固める。目の位置(斜線部分)にはベースのアクレーヌはつけなくてよい。

千枚通しを横に刺し、アイパーツを刺す穴をあける。

アイパーツの足を穴に刺す。軽くボンドをつけて仮どめしておく。

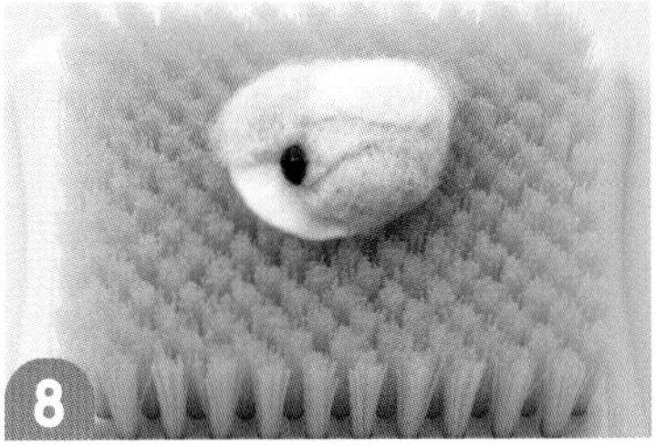

ブラシマットの上に写真の向きで顔を置く。

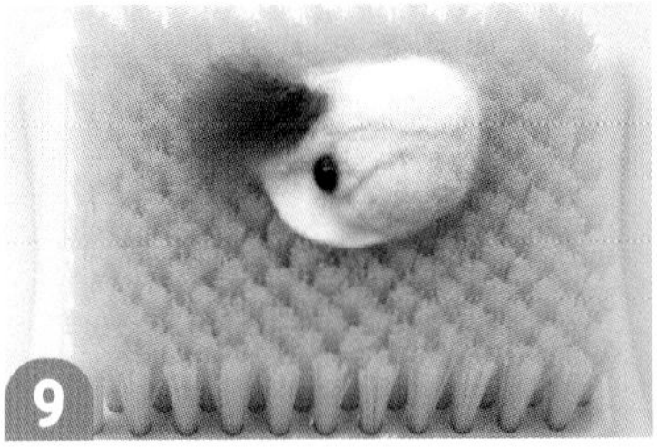

植毛（グレー）の羊毛で［折り植毛］をする。1束植毛したところ。

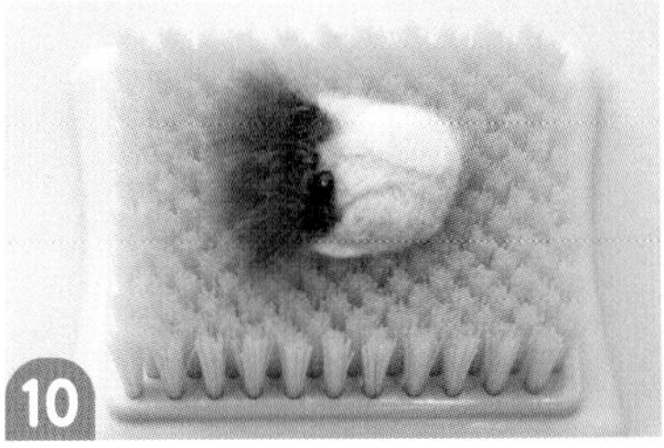

目にかぶらないよう、1段分（3束）［折り植毛］したところ。

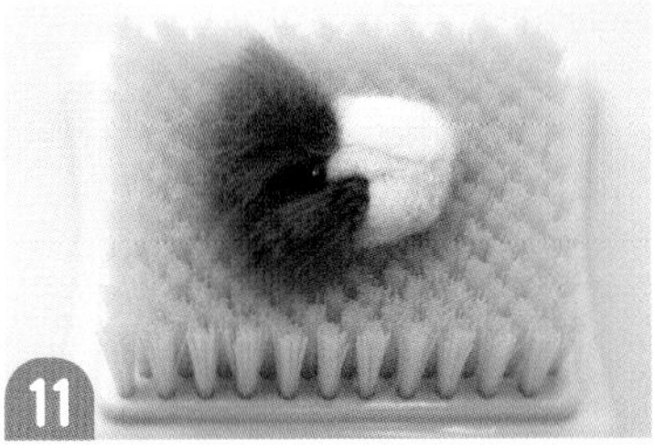

続けて2段めを［折り植毛］する。目の位置は外して3束植毛したとところ。

植毛（白）の羊毛で目の上にかぶせるように［折り植毛］する。目の周りを白く縁取らない場合は顔用の羊毛で植毛する。

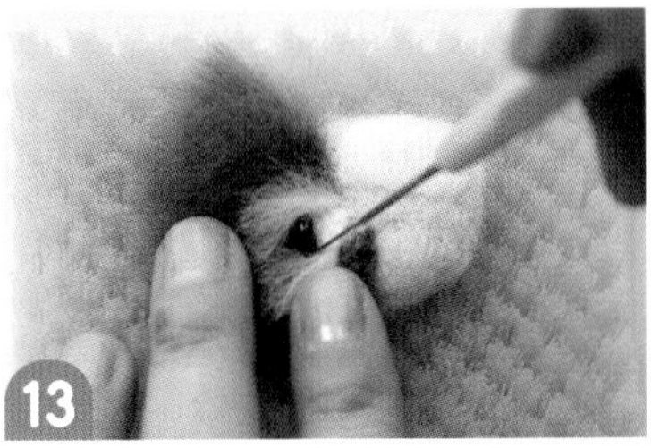

12 の羊毛を目の周りに〈1本針〉で刺しつける。

植毛（グレー）の羊毛で3段めを［折り植毛］する。1束植毛したところ。

ブラシマットの向きを変える。

残りのスペースに植毛（グレー）の羊毛で［折り植毛］する。

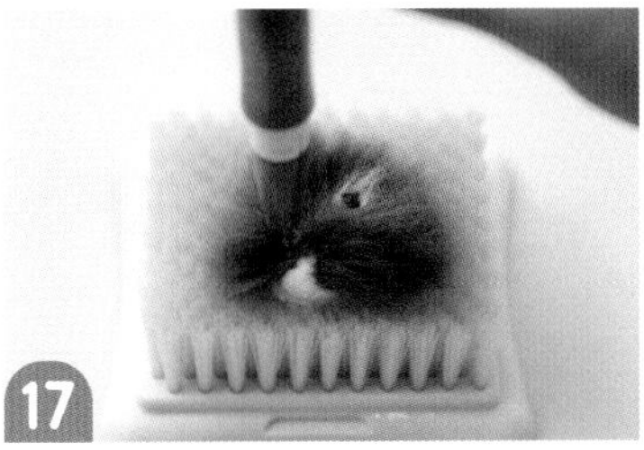

ブラシマットの向きを変えながら、残りのスペースに［折り植毛］する。

見本

コームで毛並みを整え、見本の写真を参考に顔のアウトラインをカットする。

両ほおに丸みをつけ、ネザーランドドワーフは頭頂部を三角にしてカットしたところ。

3 口周りのベースを作る

写真の位置に植毛(グレー)の羊毛で[折り植毛]をし、ボリュームを出す。(口周り部分に3束)

鼻の上に3束、植毛したところ。

植毛(グレー)の羊毛1cm幅×2cm長さの束を横向きに重ね、真ん中を〈1本針〉で軽く刺しつける。

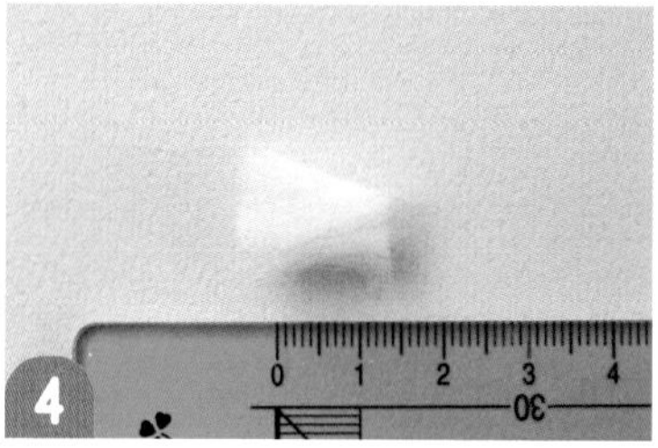

植毛(白)の羊毛を約1cm幅×1cm長さで用意する。

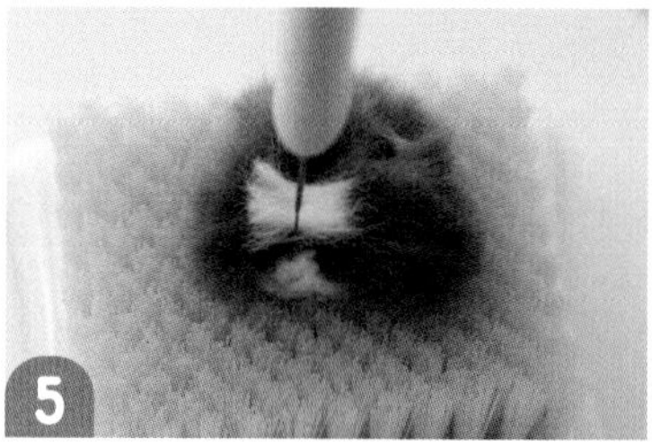

真ん中より少しだけ左寄りの位置で〈1本針〉で縦に刺しつける。 シンメトリーの顔の場合は真ん中に刺しつける。

4 鼻とあごを作る

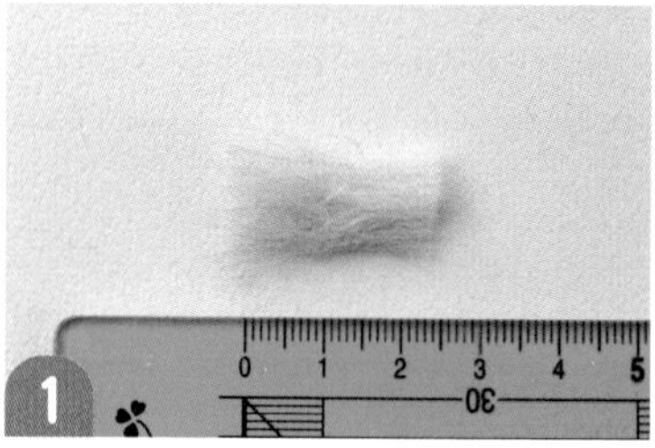

植毛(グレー)の羊毛を約1cm幅×2cm長さで用意する。※写真ではわかりやすいように実際とは違う色を使用しています。

折り植毛の要領で折り、三角形になるようにスポンジマットの上で〈3本針〉で刺し固める。

表裏20回ずつ刺す。

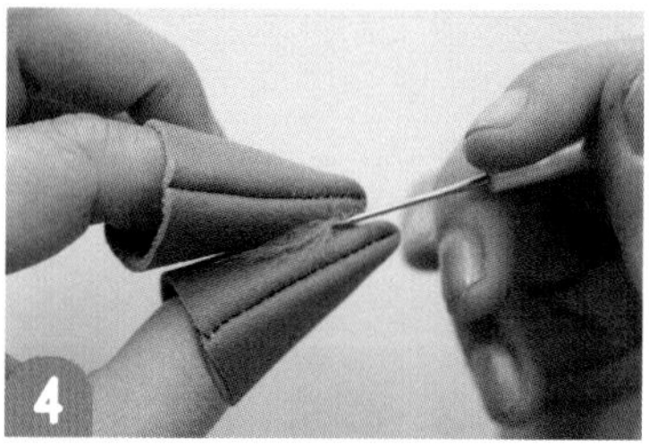

鼻の側面を〈1本針〉で刺し固める。針で指を刺さないように注意。
※写真では指サックをつけています。

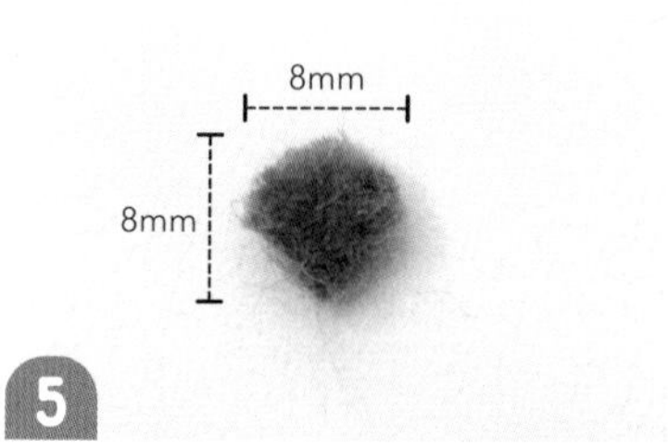

余分な羊毛をカットし、逆三角形の形に整える。

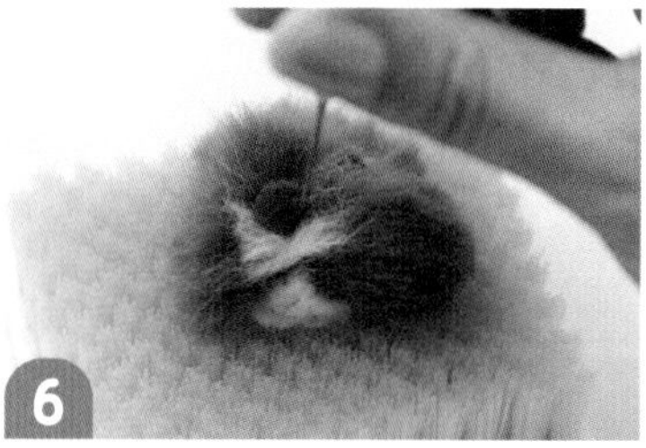

口周りの羊毛に重ねるように鼻パーツを置き、パーツの周囲を刺しつける。

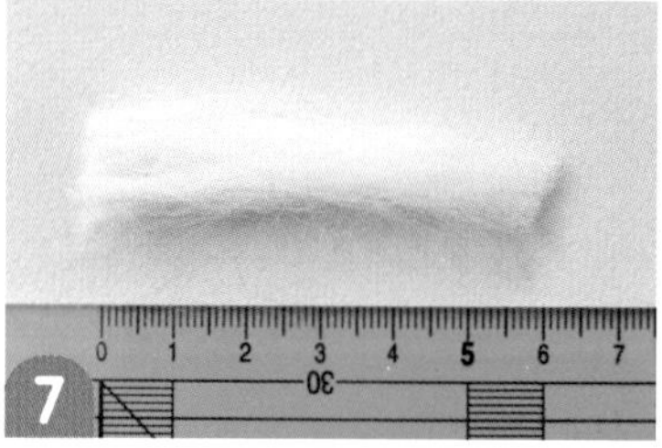

あご用の羊毛を約1cm幅×6cm長さで用意する。

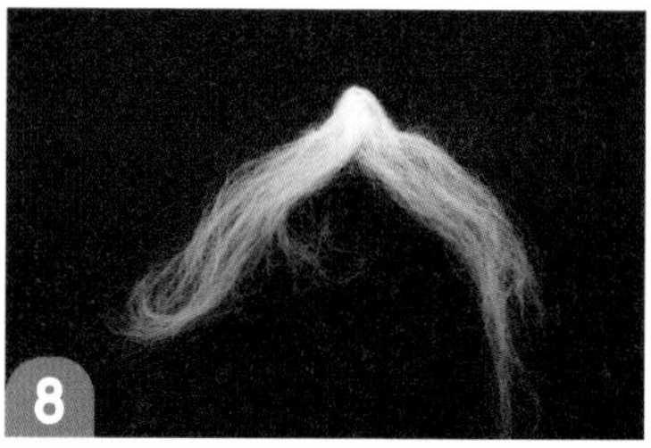

真ん中が直角気味になるようにスポンジマットの上で〈3本針〉で刺し固める。真ん中のみ、表裏10回ずつ刺す。

9 あごパーツの真ん中を口の下（あご部分）にのせ、〈1本針〉で刺しつける。

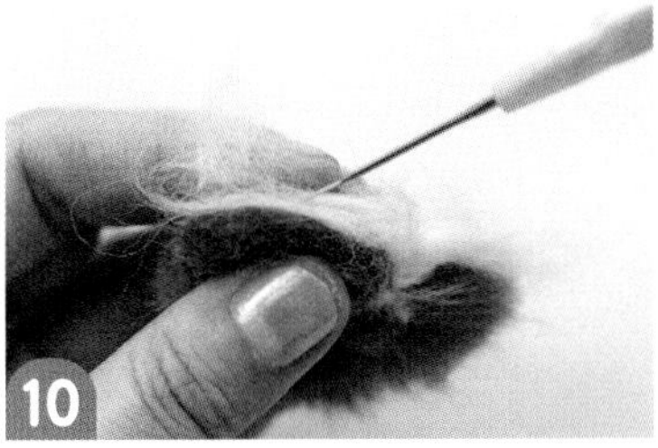

10 フェイスラインの側面に沿って、あごパーツを刺しつける。

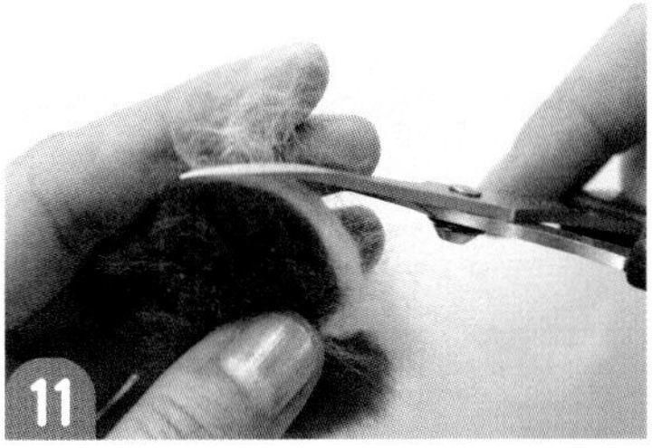

11 余分をカットする。

12 あごパーツがついたところ。

5 口周りにラインを入れる

1 鼻と口のラインをチャコペンなどで下描きする。

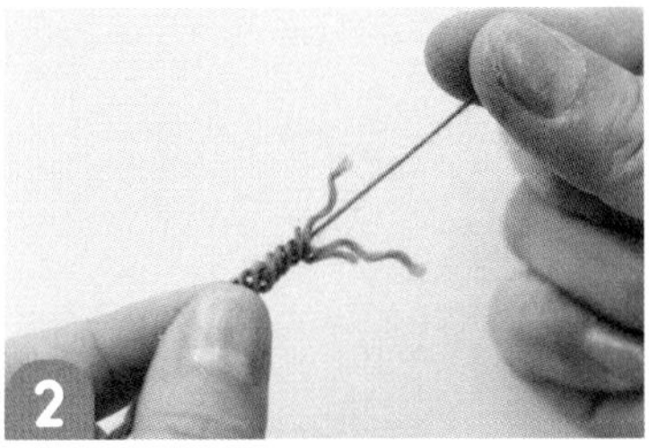

2 エクシードウールのよりをほぐし、そこから1本を抜き取る。

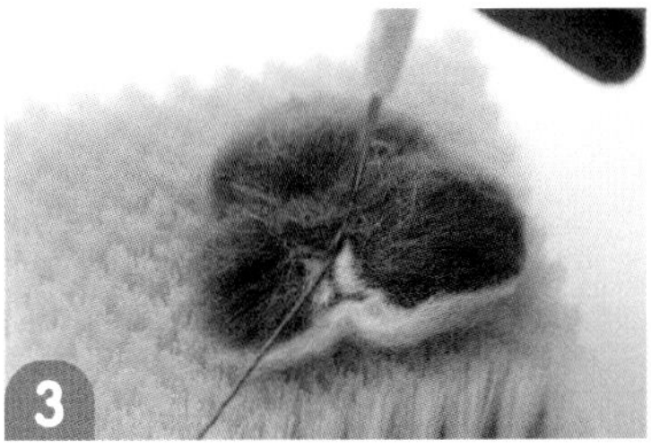

3 先端をねじってから、鼻の下にV字に〈1本針〉で刺しつける。毛糸がゆるまないようピンと張り、より（ねじり）ながら刺しつける。

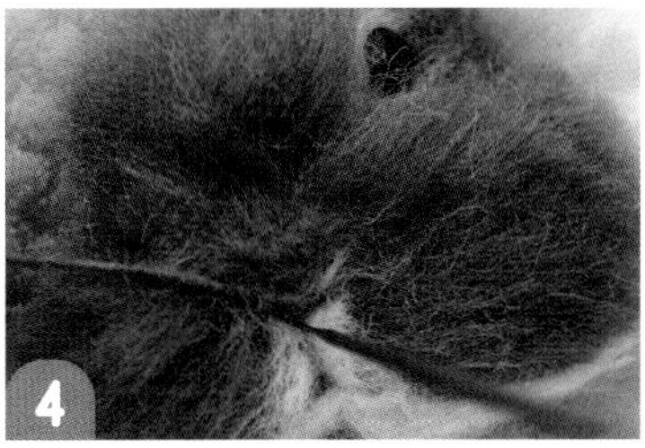

4 V字に刺しつけたら、余分をハサミでカットする。

5 Vの下にまっすぐ刺し、さらに口のラインを逆V字に刺す。

6 アイラインを入れる

1 アイパーツにしっかりボンドをつけ、刺し直す。

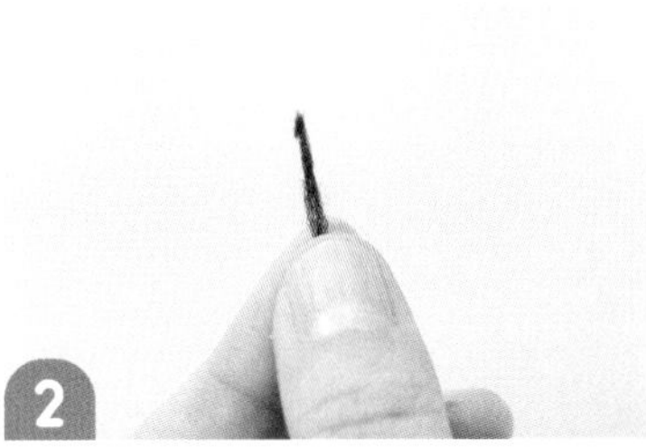

2 アイライン用のアクレーヌをつまみとり、先端をねじって細くする。

3 アイパーツの周りに〈1本針〉で1周刺しつける。

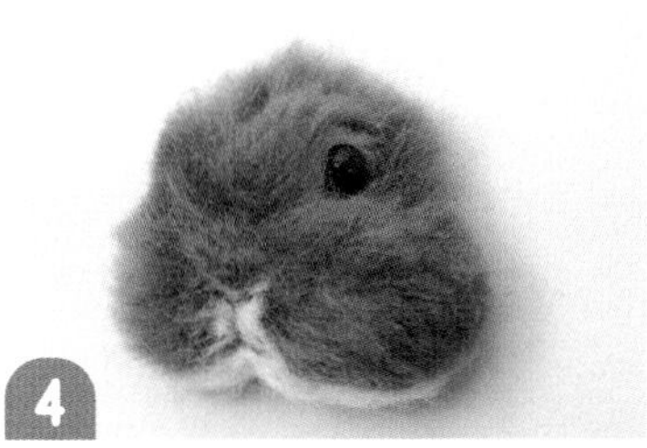

4 余分をハサミでカットする。

7

耳をつける

1 耳のベース用のアクレーヌ0.5gを5×7cm程度のシート状に刺し固める。

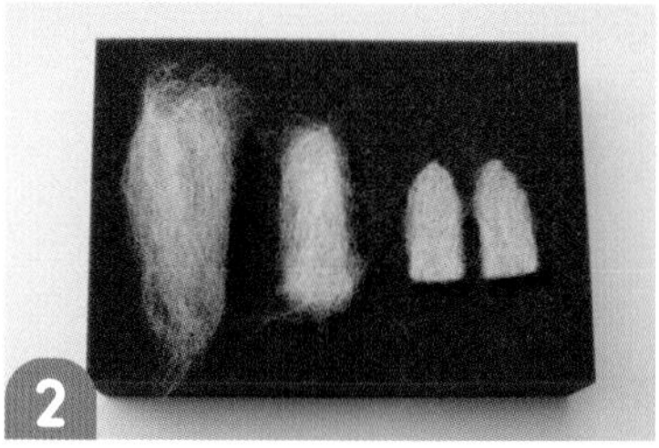

2 型紙に合わせて耳を2本切り出す（写真・右の2つ）。

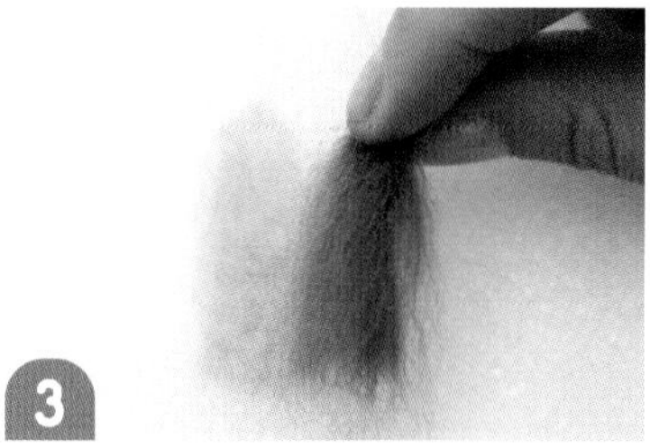

3 耳のベースに耳（表）用の羊毛を重ね、しっかり刺し固める。ピンクが透けていたら、さらに羊毛を重ねる。

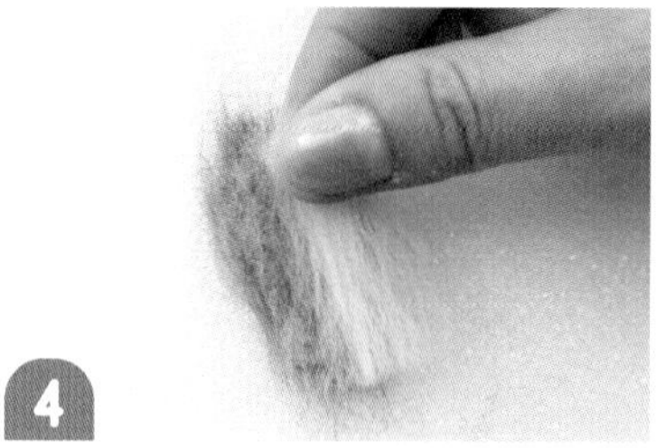

4 裏返し、耳（裏）用の羊毛を重ね、中央は軽く縁はしっかりと刺し固める。ピンクがうっすら透けるようにする。

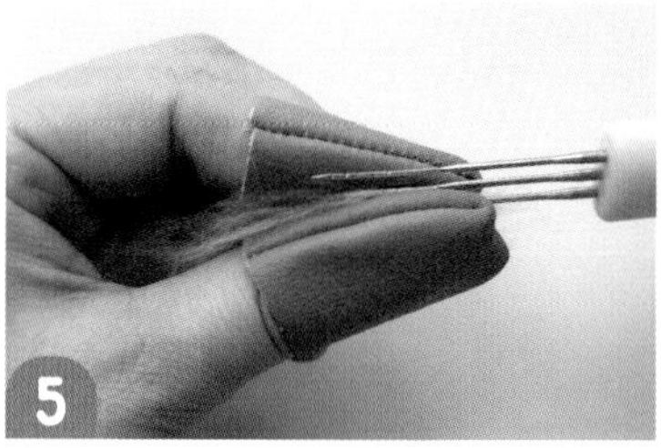

5 側面を〈並列3本針〉で平行に刺し、整える。親指と人差し指でしっかり挟んで圧をかけながら行う。針で指を刺さないように注意。

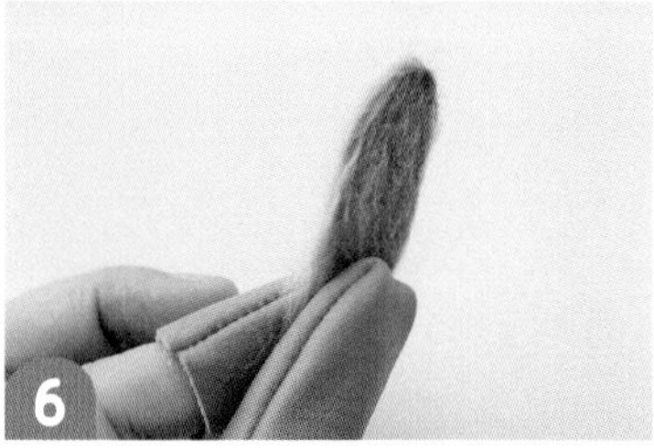

6 側面を刺し固めたところ。耳の付け根（下側）はふわふわを残す。

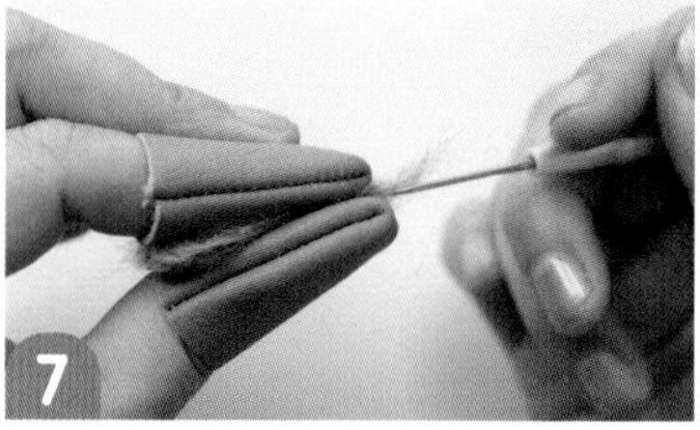

7 さらに〈1本針〉で側面を刺し固める。

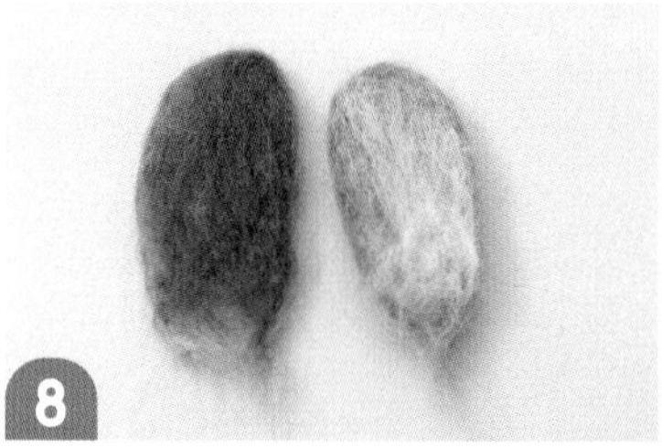

8 耳が2つできたところ。左は表側、右は裏側。どちらも付け根はふわふわを残す。

9 耳の下側（付け根側）を軽く縦半分になるように折り、表側を背中合わせ気味に2つをまとめ、〈1本針〉で刺しとめる。

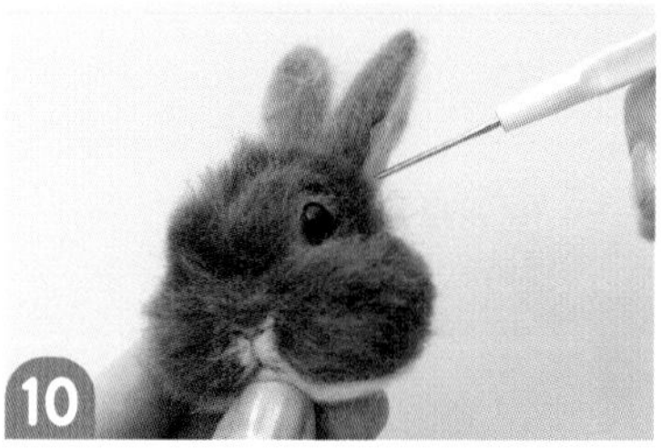

10 耳を頭に刺しつける。耳の裏側から針を刺してつける。

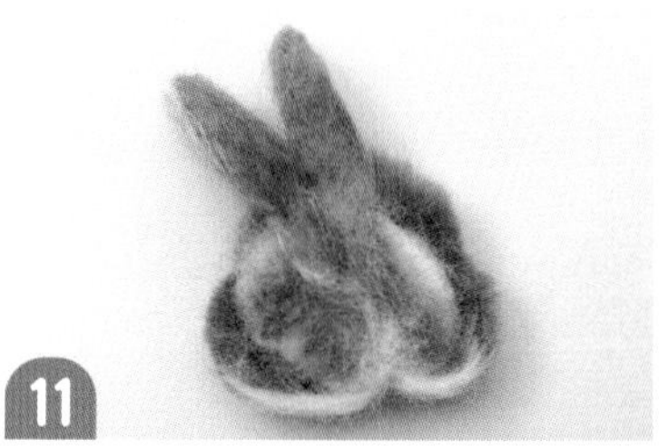

11 裏から見たところ。

ARRANGE 垂れ耳の場合

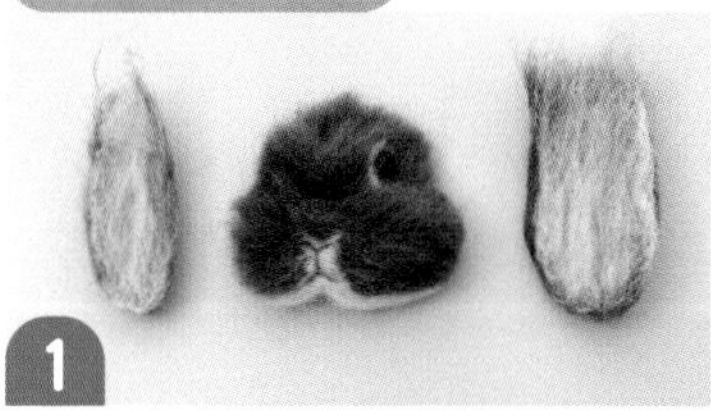

1 耳を用意する。少し横向きの顔の場合、遠近感を出すためにサイズに大小をつける。

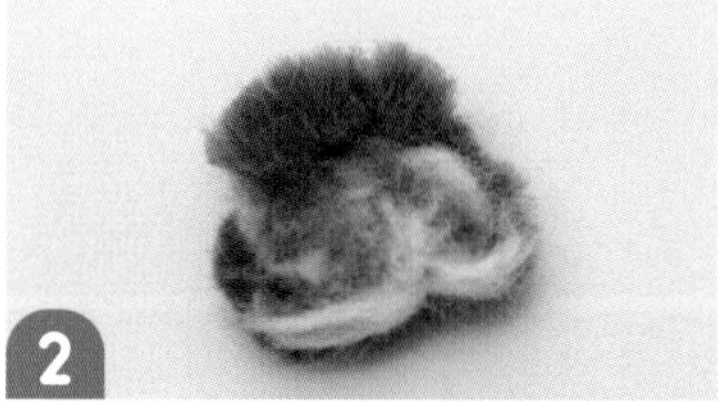

2 頭頂部にクラウンと呼ばれる部位の毛を[V字植毛]でつける。

3 左側の耳は軽く縦半分にし、顔の裏側につけ、右側はクラウンの端をめくってつける。

8 頭とボディをつける

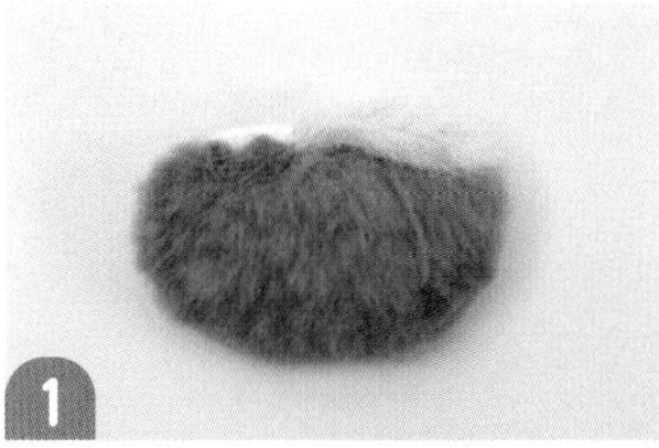

顔をつける位置を〈3本針〉で刺しつけ、平らにする。

ボディの頭つけ位置に多用途ボンドをつけ、頭を重ねる。

指で接着箇所をしっかり押さえ、粘着が高まるまで少し置く。

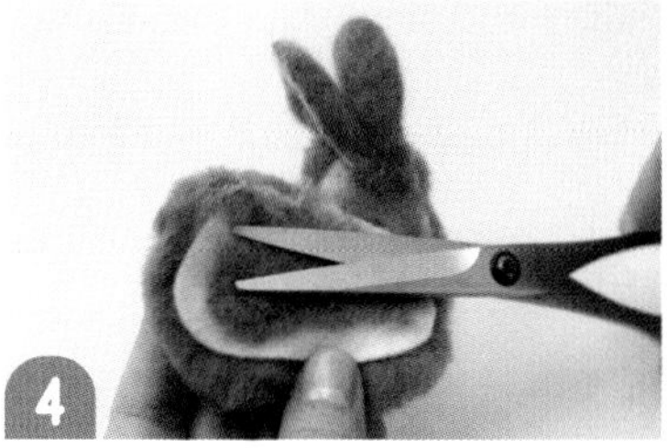

裏側にはみ出た羊毛を短く切って整える。

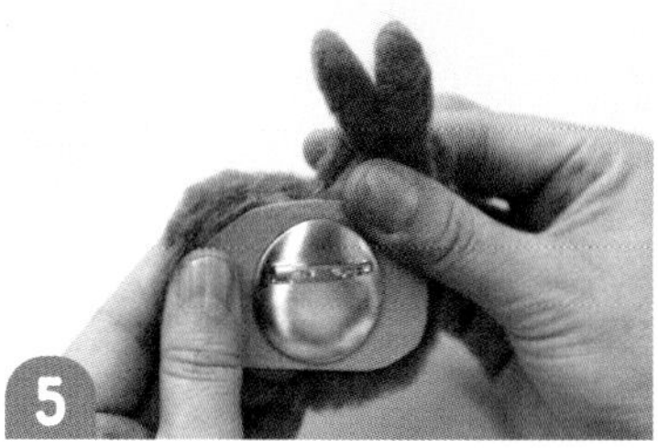

ハードフェルトをボディよりひと回り小さくカットし、ブローチ台を多用途ボンドで接着する。**4**とボンドで接着する。

ARRANGE—— 足をつける場合

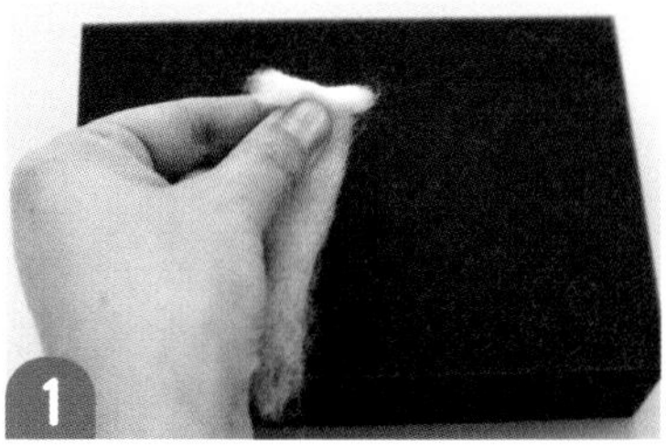

アクレーヌ0.5gを二等分し、きつく巻きつけ、〈3本針〉で刺し固め、ベースを作る。

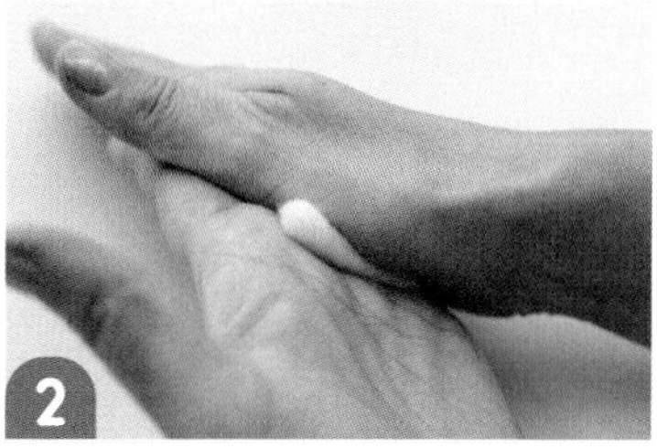

両手で転がして、立体感を出して整える。

ボディ用の羊毛を足の長さにカットし、刺しつける。

刺しつけたところ。

足の裏側は足裏用の羊毛をベースからはみ出る程度の長さにカットし、刺しつける。はみ出た部分が足先になる。

前足、後ろ足それぞれ2つずつ作る。足先の反対側（付け根）はふわふわを残す。

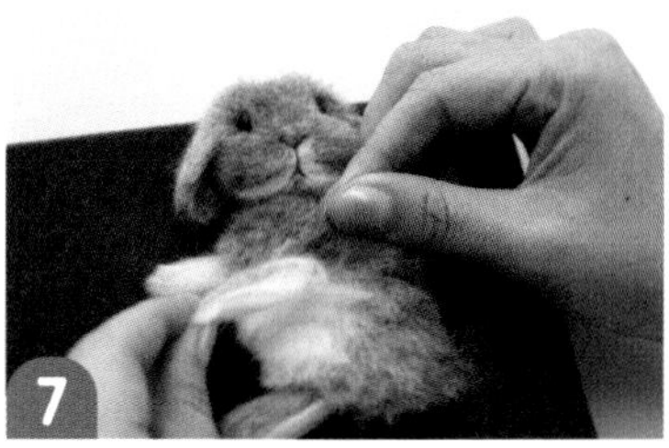

ボディの表側に足をつける場合は、植毛した羊毛をめくって足を差し入れ、刺しつける。

コームで整えて、できあがり。

BROOCH

ブローチ

使用羊毛は植毛に使った主なものを紹介しています。目、鼻、アイライン、鼻と口のラインなどLESSON 1と同じものは省略しています。

〖イングリッシュアンゴラ〗

ブルーアイドホワイト

グラスアイ（ブルー）を使い、アイラインはアクレーヌ（114）と（111）を1：1の割合で混ぜたもので入れる

ソリッド（1）と植毛ストレート（551）を2：1の割合で混ぜたもの

〖ネザーランドドワーフ〗

ブルーオター

LESSON 1（p.27）参照

〖ホーランドロップ〗

トータスブラック

こだわり羊毛（305）、ソリッド（30）、植毛ストレート（556）を3：2：1の割合で混ぜたもの

植毛ストレート（553）とこだわり羊毛（305）を2：1の割合で混ぜたもの

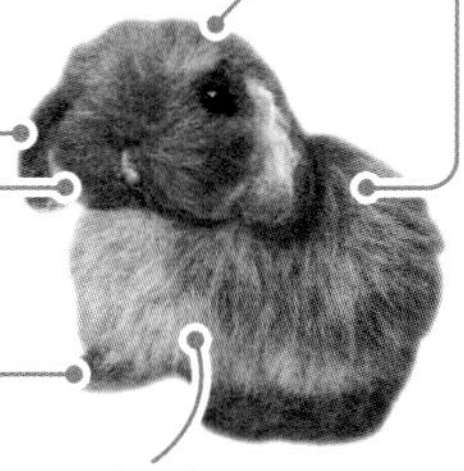

こだわり羊毛（303）

〖ネザーランドドワーフ〗

サイアミーズセーブル

こだわり羊毛（303）とソリッド（34）を1:1、または2:1の割合で混ぜたものでグラデーションにする

ソリッド（9）

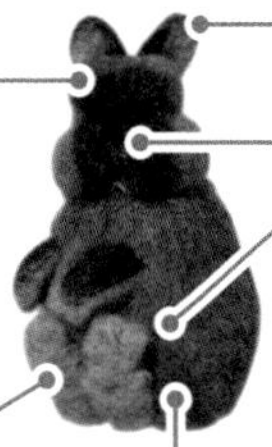

Chocolat Box（ライラック）、またはこだわり羊毛（302）

こだわり羊毛（303）とソリッド（31）を2：1の割合で混ぜたもの

〖ホーランドロップ〗

ブロークンオパール

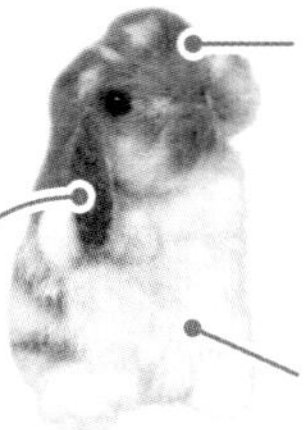

Chocolat Box（ライラック）とソリッド（30）を1：1の割合で混ぜたもの

ソリッド（1）

Chocolat Box（ライラック）にソリッド（9）を少量混ぜたもの

POINT 足はボディに対して垂直に（飛び出すように）刺しつける。

〖ホーランドロップ〗

チンチラ

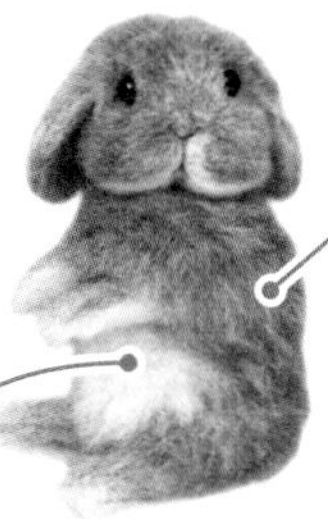

ミックス（210）

ソリッド（1）

〖ジャージーウーリー〗

スモークパール

ソリッド（31）と（34）を1：1の割合で混ぜたもの

こだわり羊毛（302）

こだわり羊毛（302）と（301）を2：1の割合で混ぜたもの

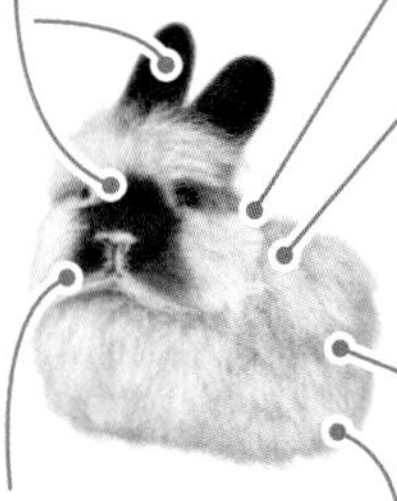

こだわり羊毛（301）と（302）を1:1の割合で混ぜたもの

ソリッド（31）、（34）、（30）を2：2：1の割合で混ぜたもの

こだわり羊毛（301）

〖ダッチ〗

ブラック

アイラインはアクレーヌ（112）を入れ、その外側に（114）と（111）を1：1の割合で混ぜたもので入れる

ソリッド（9）

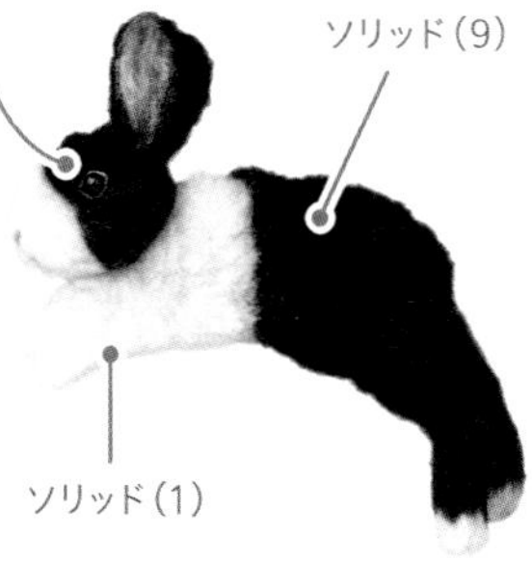

ソリッド（1）

〖ミニレッキス〗

キャスター

アイラインはアクレーヌ（112）を入れ、その外側に（114）と（111）を1：1の割合で混ぜたもので入れる

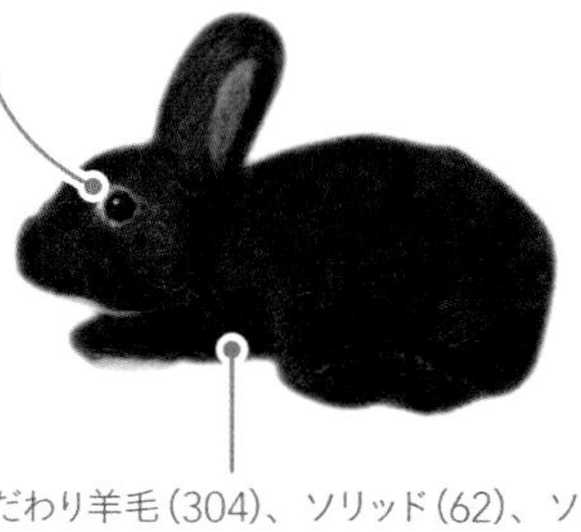

こだわり羊毛（304）、ソリッド（62）、ソリッド（31）を1:1:2の割合で混ぜたもの

NEEDLE FELT LESSON 2

立体作品を作る

手のひらに乗るミニサイズの立体作品を作りましょう。
足は骨格モールを使うので、あとから好きなポーズに調整できます。

〘 ネザーランドドワーフ 〙

オレンジ

PAGE → p.7/p.12

SIZE：高さ14cm×幅7cm×奥行き6.5cm

材料

羊毛等	**ベース**	アクレーヌ（101）12.5g
	耳のベース	アクレーヌ（114）0.5g
	植毛（茶） 顔、ボディ❶しっぽ（表）	Chocolat Box（オレンジ）12g
	植毛（薄茶） ボディ❷	Chocolat Box（オレンジ）と ソリッド（1）を1：1の割合で混ぜる
	植毛（白） 目の周り、口周り、おなか、 足（裏）、しっぽ（裏）	ソリッド（1）3g
	鼻	植毛（茶）と同じ
	あご	植毛（白）と同じ
	耳（表）	植毛（茶）と同じ
	耳（裏）	植毛（白）と同じ
	アイライン（黒）	アクレーヌ（112）少量
	鼻と口のライン	エクシードウールL（336）
その他	骨格モール30cm×2本、グラスアイ（7mm）2個	

1 頭とボディのベースを作る

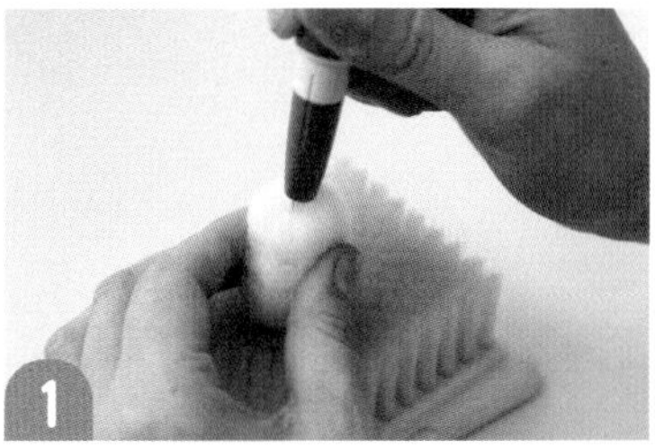

1 ベース用のアクレーヌ2gで頭を作る。ベースの作り方（p.25）を参照し、型紙（p.42）に合わせながら成形する。

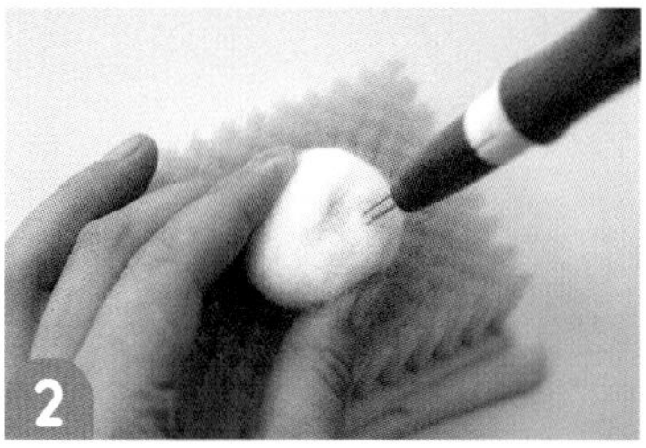

2 ベース用のアクレーヌ0.5gを半分にし、両ほおに足す。
※写真はわかりやすいようにアクレーヌの色を変えています。

3 正面から見たところ。

4 横から見たところ。目の位置は軽く刺して少しくぼませる。

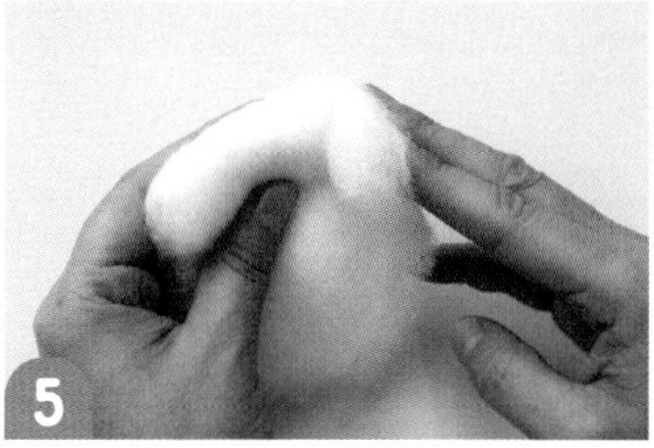

5 ベース用のアクレーヌ6gでボディを作る。半分の3gを巻き、片側だけ折り込んで（写真右側・おしり部分）刺し固める。左側はふわふわを残す。

〈3本針〉で刺し固める。このとき、ベースを押さえる指をCの形にして圧をかけながら刺すとよい。

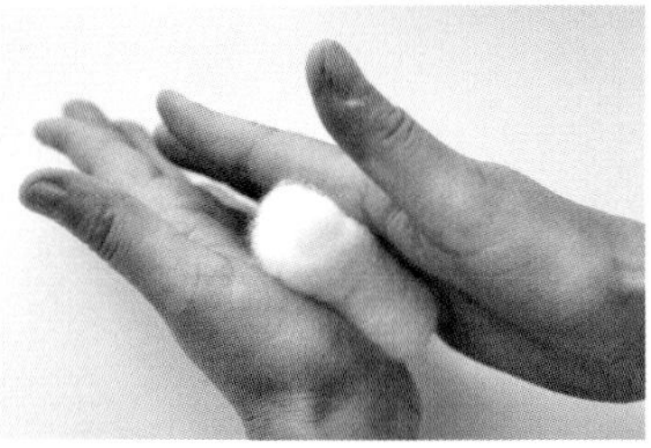
POINT
全体を刺し固めたら、両手で転がしながら形を整える。

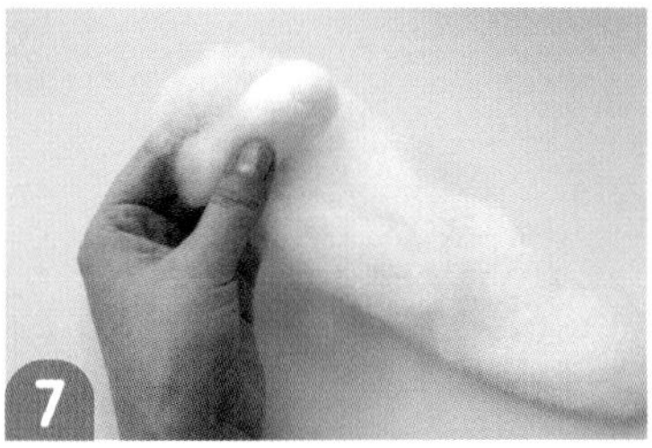

5で残した3gを巻き足し、刺し固める。

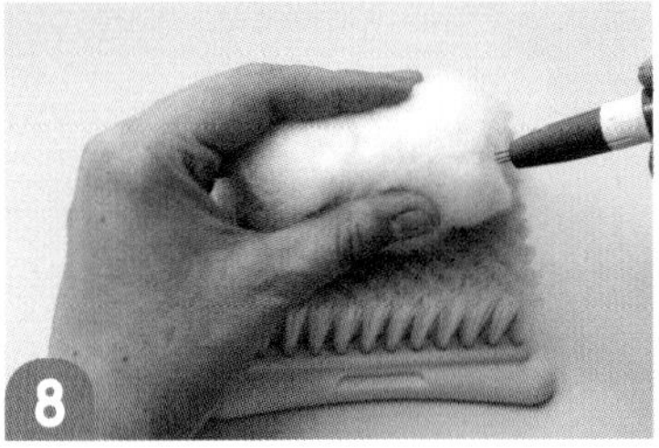

5で折り込んだ部分（おしり部分）も忘れずに刺し固める。反対側の首元はふわふわを残す。

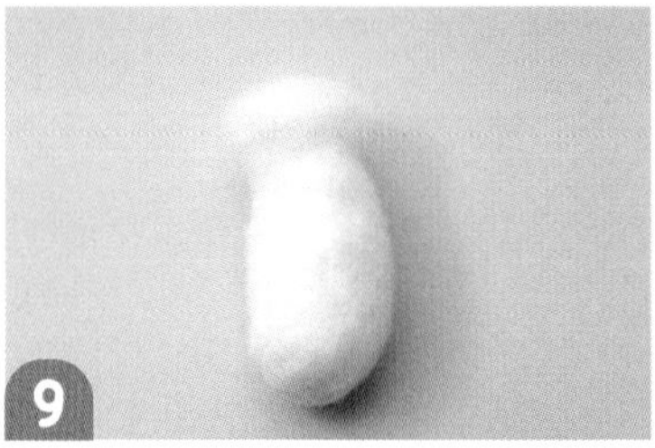

ボディのベースができたところ。型紙に合わせてサイズや形を確認する。

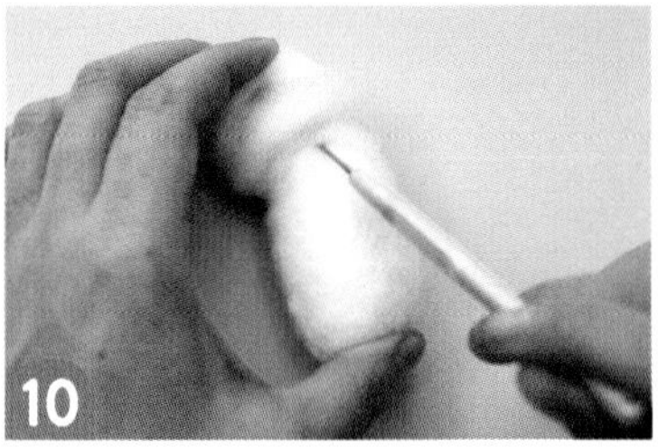

頭とボディをつなげる。ベースを支える指は頭とおしりに当て、中心に向かって圧をかけながら、〈1本針〉で首周りを深く刺す。

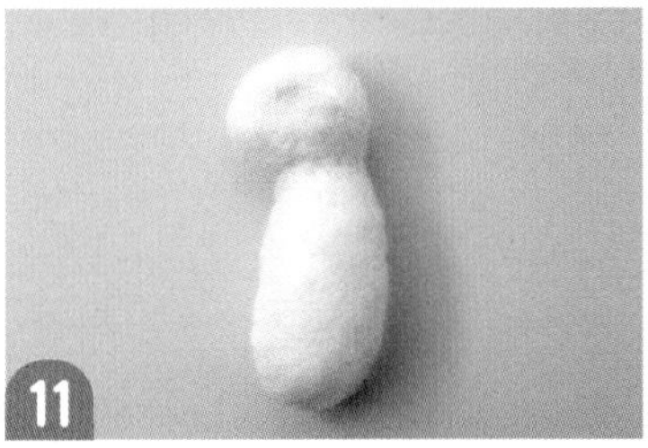

つなげたところ。

2
顔を作る

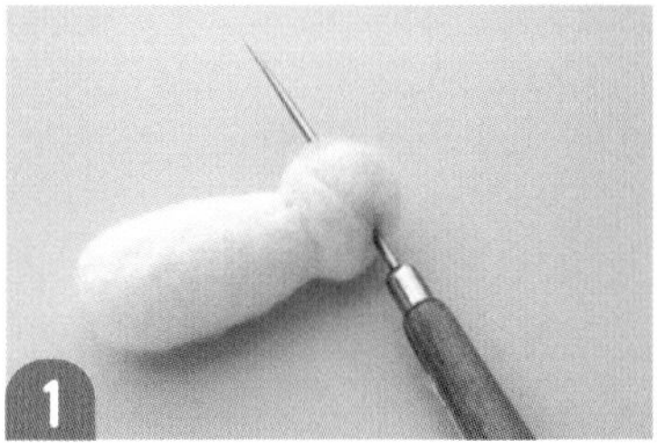

千枚通しを横に刺し、アイパーツを刺す穴をあける。

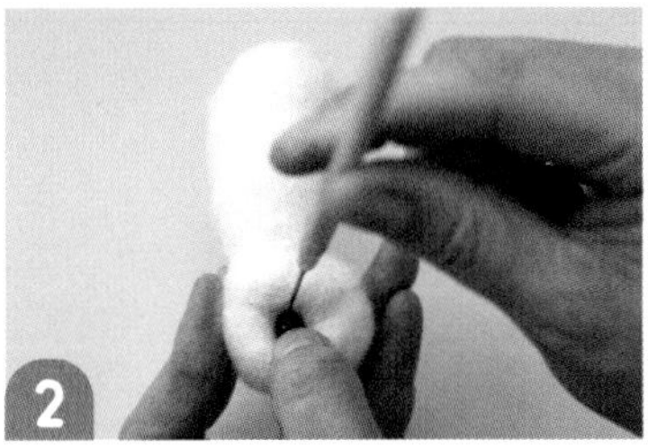

アイパーツの足を穴に刺す。顔に対して目が垂直になるように〈1本針〉で目の周りを刺して整える。

植毛（茶）の羊毛で［折り植毛］をする。1束植毛したところ。

1段め（12束）を植毛したところ。

2段めを1束植毛したところ。

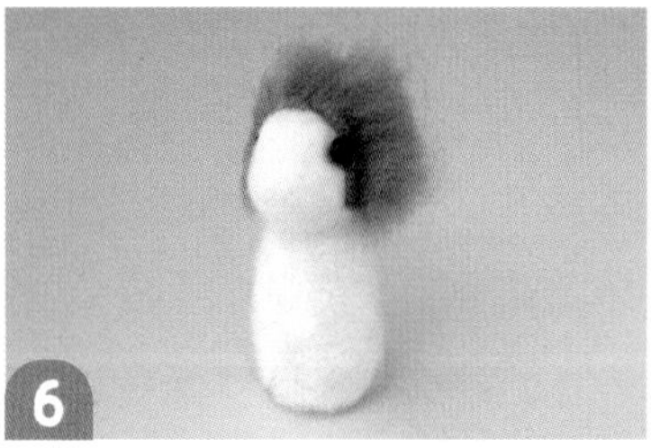

2段め（12束）を植毛したところ。

3段めを1束植毛したところ。

8
LESSON 1の2（p.29）を参考に、目の位置には植毛（白）の羊毛で［折り植毛］をする。3段めを植毛したところ。

9
4段めを植毛する。

10
5段めを植毛し、さらに口周り部分に6段めを植毛する。

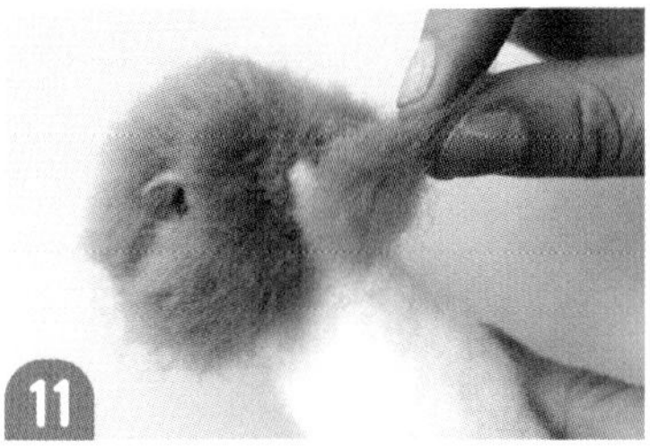

11
LESSON1の3の3（p.30）と同様に、顔用の羊毛1cm幅×3cm長さの束を横向きに重ね、口周りのボリュームを足す。

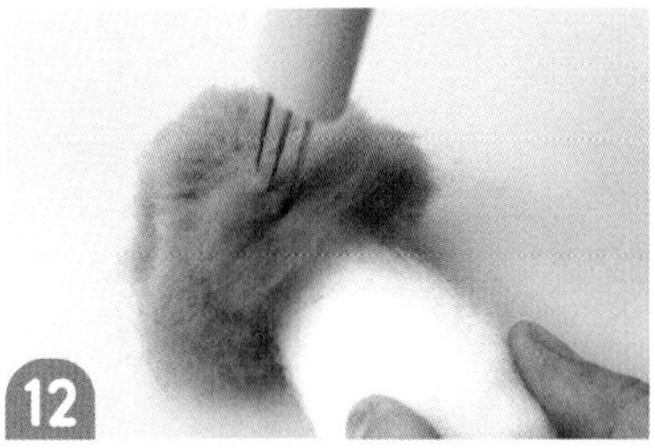

12
真ん中を〈並列3本針〉で軽く仮どめしたら、〈1本針〉で刺しつける。

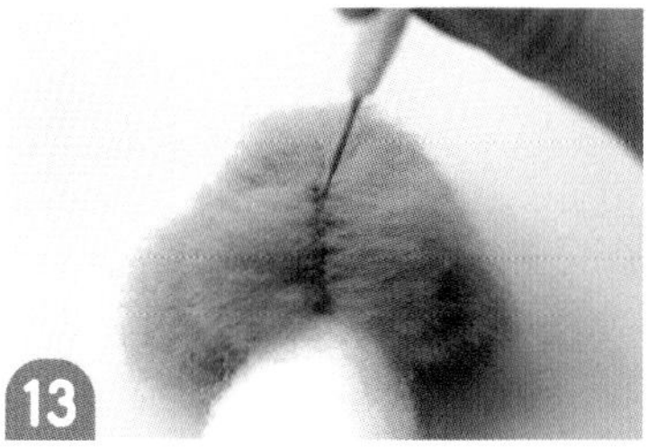

13
〈1本針〉で刺しつけているところ。

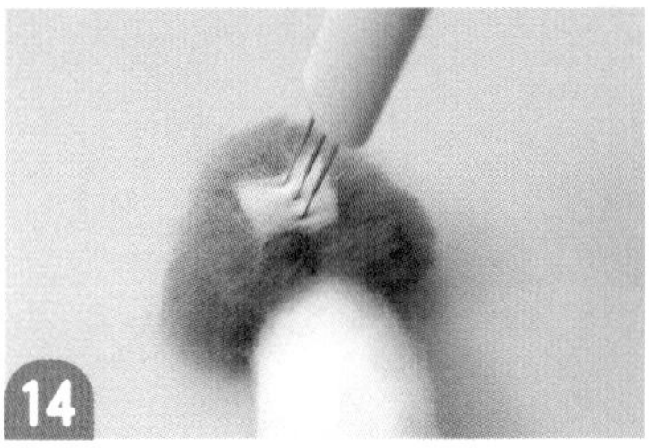

14
さらに植毛（白）の羊毛を1cm幅×2cm長さで用意し、13に重ねて真ん中を刺しつける。

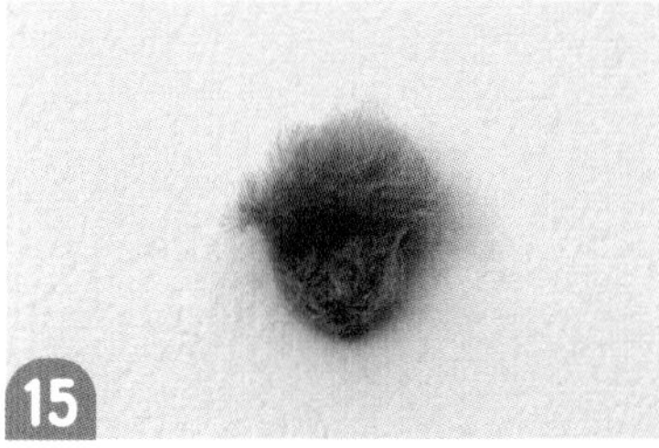

15
LESSON 1の4（p.30）と同様に、鼻用の羊毛で鼻パーツを作る。

16
LESSON 1の4（p.30）と同様に、あご用の羊毛であごパーツを作る。

17
LESSON 1の4（p. 30）と同様に、鼻パーツとあごパーツをそれぞれ刺しつける。

18
LESSON 1の5、6（p.31）と同様に、鼻と口のラインとアイラインを入れる。コームで毛並みを整え、顔のアウトラインをカットする。

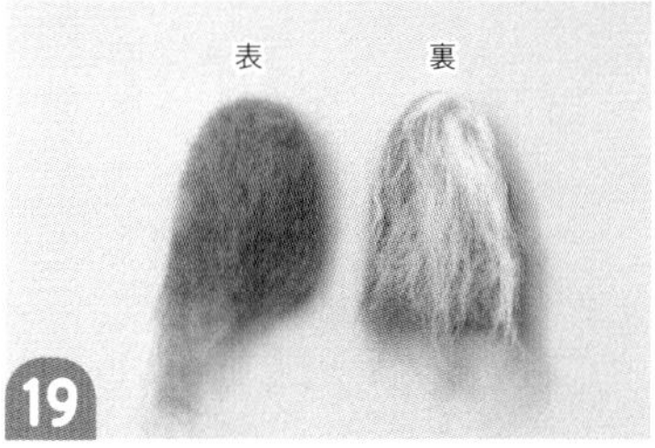

19
LESSON 1の7（p.32）と同様に、耳を作る。

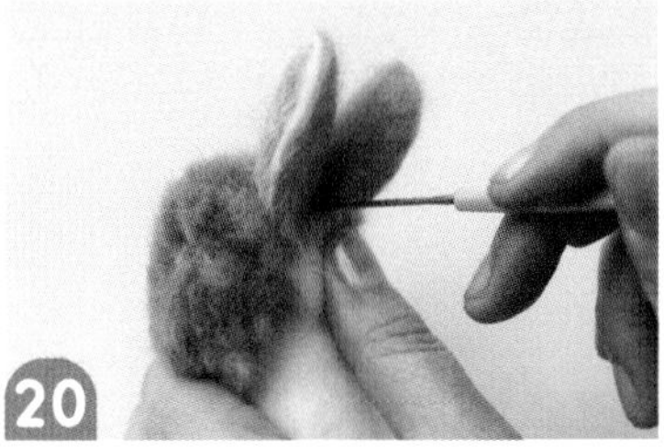

20
耳の下側（付け根側）を軽く縦半分になるように折り、表側を背中合わせ気味に2つをまとめ、〈1本針〉で刺しとめる。

21
耳の裏側から針を刺し、頭と垂直に耳がつくようにする。

22
顔と耳のできあがり。

3

足を作る

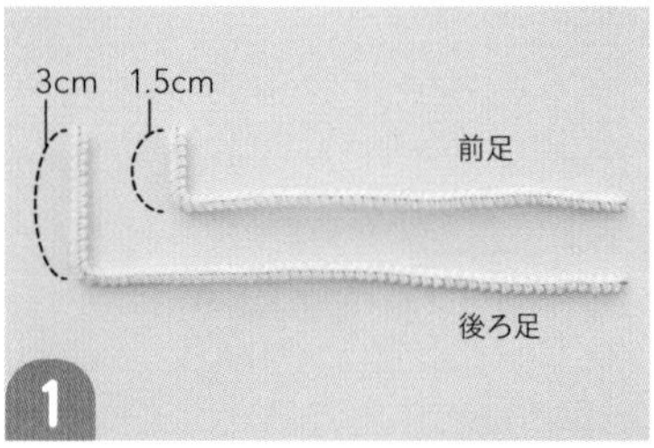

1 骨格モールを前足（14cm）と後ろ足（20cm）用意し、先端を直角に曲げる。前足は1.5cm、後ろ足は3cm程度。

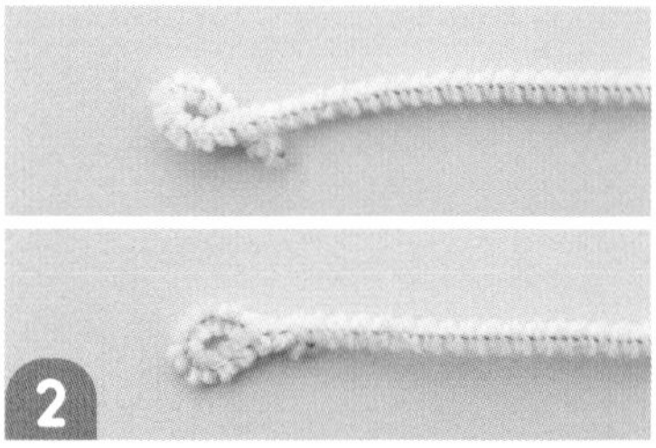

2 直角に曲げた位置が先端になるよう輪にし、0.5cm分ほどでねじりとめる。

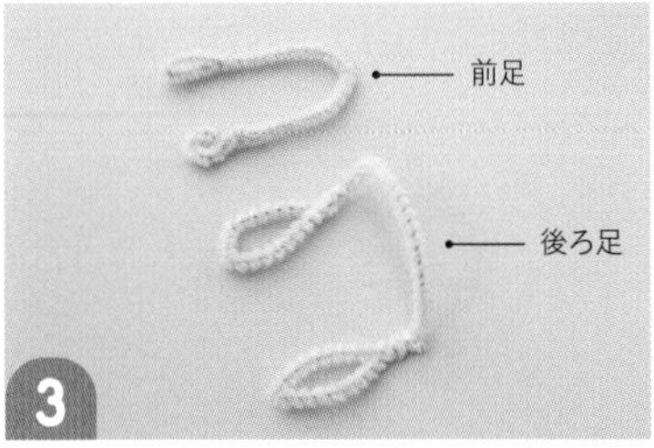

3 もう一方も同様に輪にし、前足はU字に曲げ、後ろ足はU字に曲げたら曲線部分を立ち上げる。

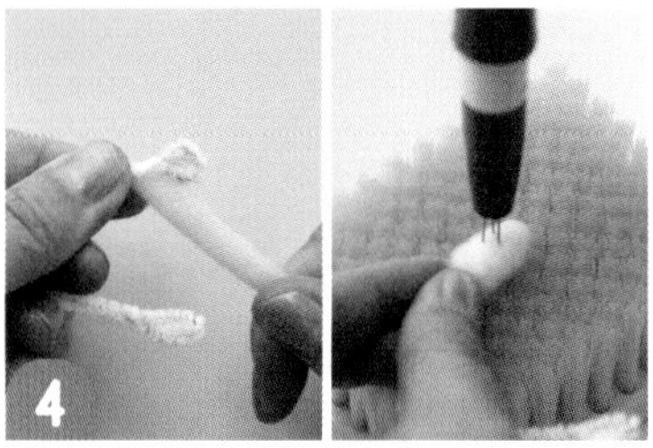

4 ベース用のアクレーヌ0.5gを二等分し、前足の輪にそれぞれきつく巻きつけ、〈3本針〉で表と裏を刺し固め、ベースを作る。

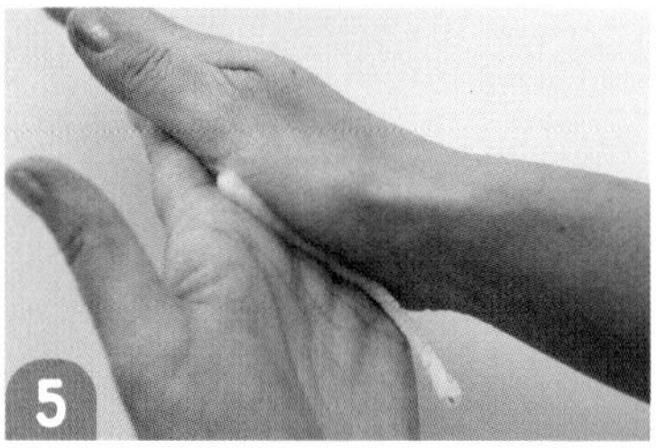

5 両手で転がして、立体感を出して整える。

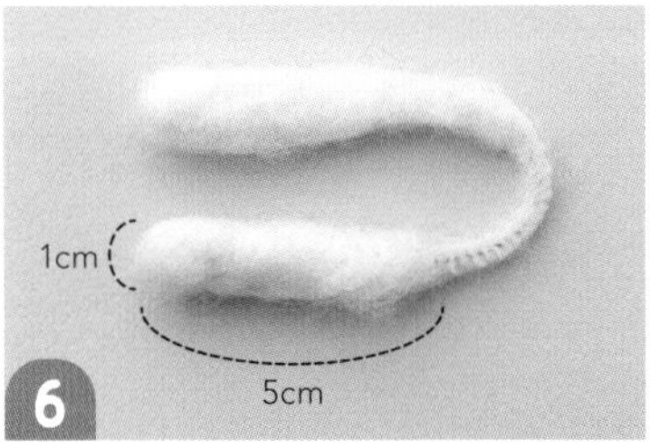

6 前足のベースができたところ。幅1cm×長さ5cmほどに刺し固める。

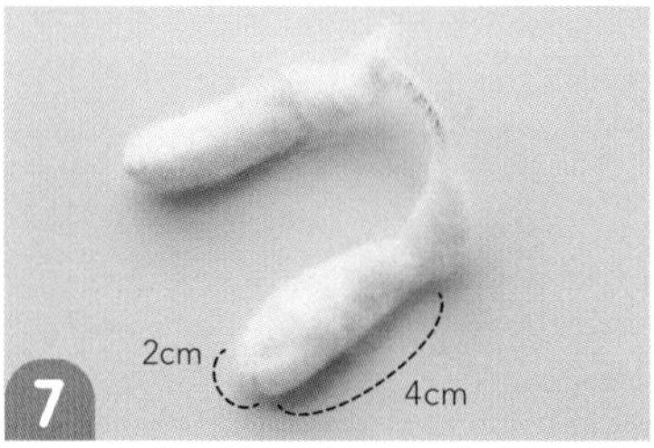

7 後ろ足もベース用のアクレーヌ1gを二等分して、幅2cm×長さ4cmのベースを作る。

8 植毛（茶）の羊毛で［折り植毛］をする。

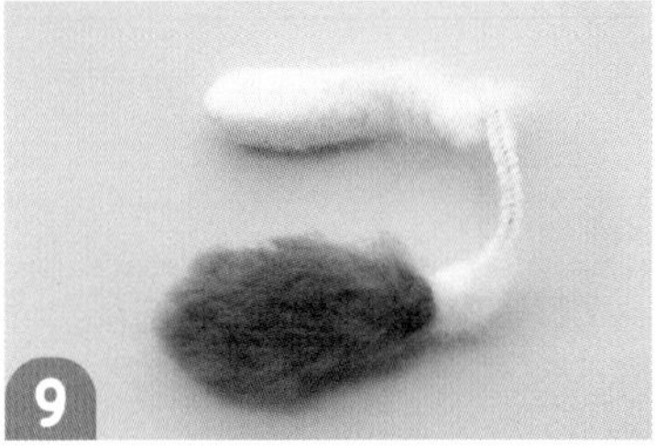

9 片足の表側を植毛し、ハサミで整えたところ。

10 足裏は植毛（白）の羊毛で［折り植毛］をする。表側よりもはみ出させるのがポイント。もう一方も同様に植毛する。

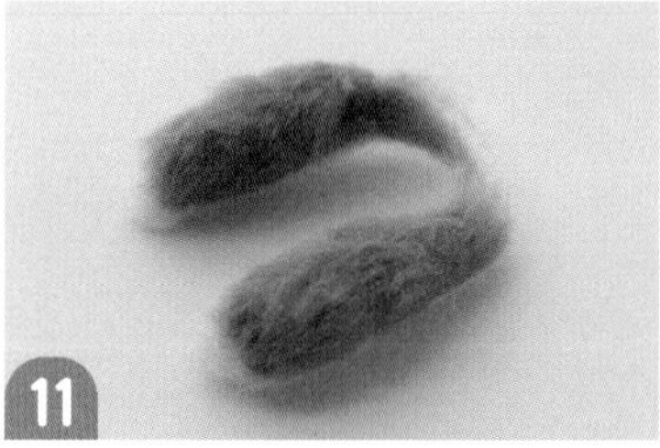

11 前足も同様に植毛し、先端のはみ出した足裏の羊毛（白）は三角にカットする。

4

ボディを植毛する

1 植毛（白）の羊毛でボディの前面部に［折り植毛］をする。下から2段分は4束、3段めは3束、4段めは2束植毛する。

2 前足をセットし、ベース用のアクレーヌ1gを適宜背中側に重ね、〈3本針〉で刺し固める。

3 後ろ足をセットし、前足に重ねたアクレーヌで刺し固める。

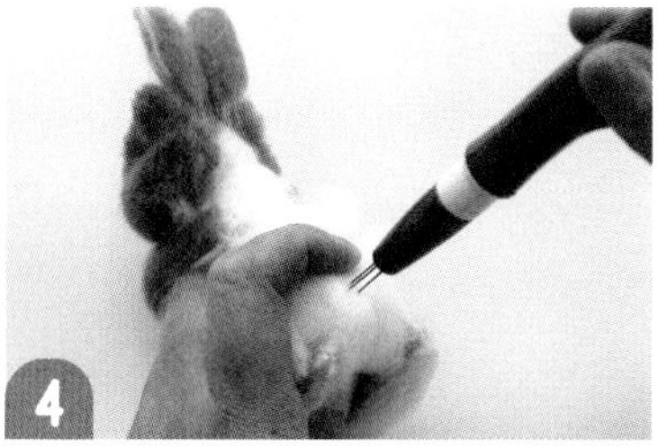

4 ベース用のアクレーヌ1gを追加し、おしりにボリュームが出るように刺し固める。

5 アクレーヌで刺し固めたところ。

ARRANGE

後ろ足を跳ね上げるポーズにする場合は、ここで骨格モールを調整し、アクレーヌで刺し固める。

6 植毛（薄茶）の羊毛で前面部（おなかの上側）に［折り植毛］を2段する。

7 2段植毛したところ。

8 植毛（茶）の羊毛で前面部に［折り植毛］を1~2段（首元まで）する。

9 前面部を植毛したところ。

10 首の付け根と肩の上は［V字植毛］を1段する。

11 首の付け根を植毛したところ。

12 植毛（茶）の羊毛で背面部に［折り植毛］をする。

13 1段植毛したところ。

14 同様に背面部を植毛したところ。

15 後頭部と首の付け根（背面）は［V字植毛］をする。

16 植毛をして、ハサミで整えたところ。

5

しっぽを作る

1

ベース用のアクレーヌ0.5gでしっぽを作る。きつく巻き、〈3本針〉で刺し固める。一方はふわふわを残したままでOK。

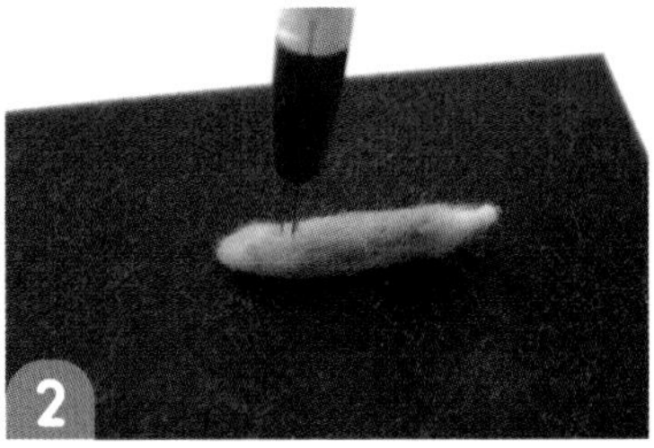

2

足と同様に、表側は植毛（茶）の羊毛を裏側は植毛（白）の羊毛を刺しつける。植毛テクを使わず、刺しつけるだけでOK。

3

裏側のしっぽの先はボリュームが出るように［折り植毛］をする。表側よりはみ出てOK。

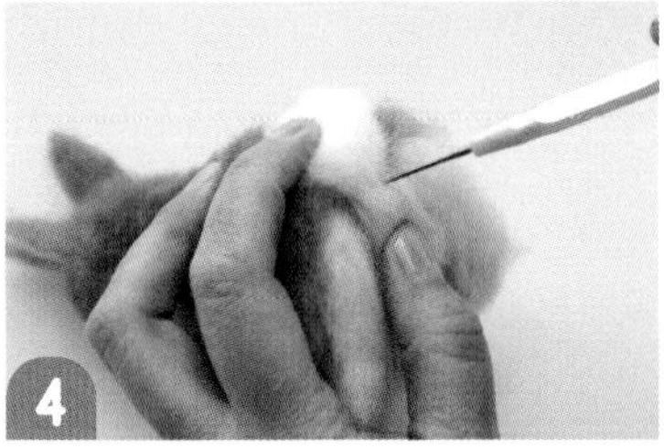

4

ボディにしっぽを刺しつける。

5

毛並み全体を見て、隙間があったりボリュームが足りない場合は、V字植毛をして毛束を足し、前後の毛となじませる。

ARRANGE

ひげをつける場合

市販のひげパーツ（本書では黒の他、透明も使用）を使う。

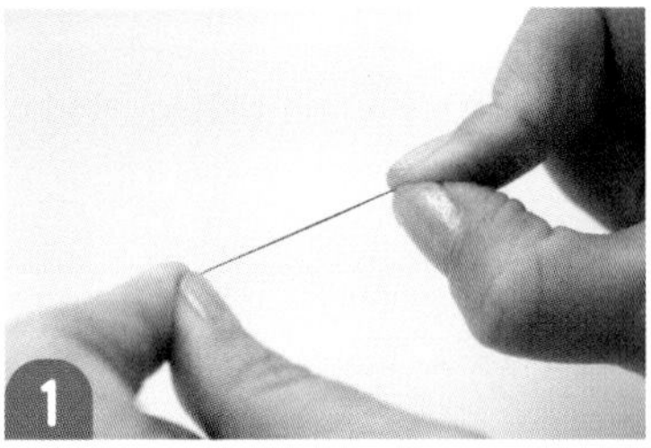

1

ひげパーツを爪でしごき、自然なカーブを作る。

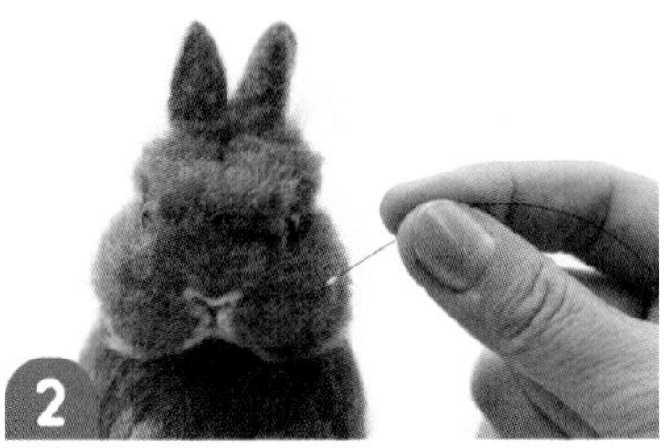

2

好みの長さにカットし、木工用ボンドをつけてアットランダムに刺し込む。

ARRANGE

まつ毛をつける場合

アイラインを入れたあと、その周りに粘膜を作り、まつ毛を刺しつける。

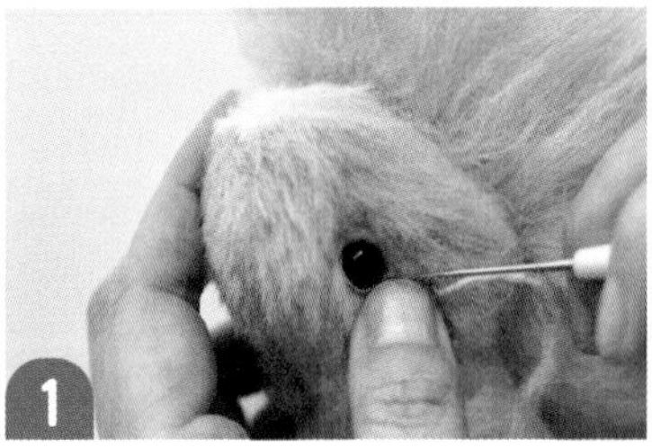

1

アクレーヌ（111）と（114）を同量混ぜ、ねじったものを目の周りに刺しつけ、粘膜を作る。

2

目の上下に刺しつけたところ。

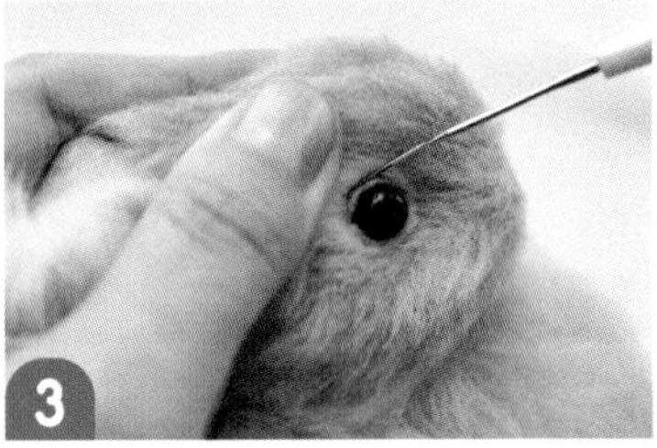

3

植毛ストレート（556、または553）をライン上に刺しつける。

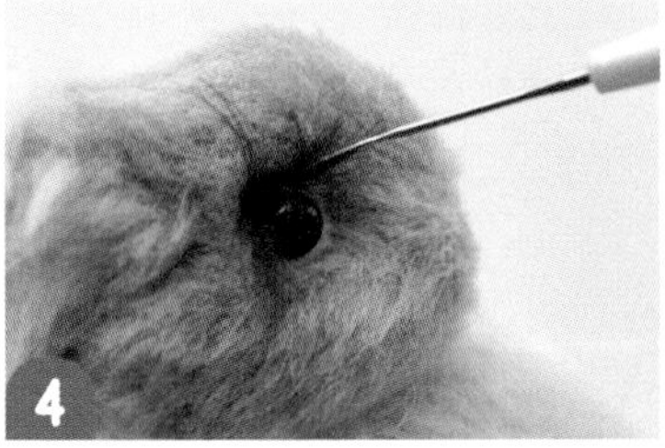

4

V字植毛の要領で植毛ストレート（556、または553）の真ん中を**3**でつけたラインに重ねて刺しつけ、好みの長さにカットする。

市販のつけまつ毛を使ってもよいです。8mm程度のものを適当な長さにカットし、ボンドでつけます。

HOW TO MAKE

各作品の作り方

本書に掲載しているうさぎたちの材料と作り方を紹介します。
基本的な手順は、レッスンページ（p.24~40）を
参考にしてください。

羊毛の分量やサイズは目安です。羊毛の分量はベースの大きさや植毛の長さ、植毛の密度によっても変わってきます。また、分量が載っていない羊毛はすべて0.5g未満（少量）です。

羊毛を混ぜて使う場合の割合は目安です。比率を参考にしながら好みの色に調整してください。

植毛すると、サイズは1回りから2回りほど大きくなります。記載のサイズは植毛後のできあがり寸法です。ベースを作るときは仕上がりのイメージよりも小さく作ります。ベースの型紙を掲載していますので、参考にしてください。

本書で使用した羊毛は、ハマナカ株式会社の商品とChocolat Box®オリジナル羊毛です。

アイパーツは、ブローチ作品はプラスチック製のあみぐるみEYE、立体作品はグラスアイを使用しています。

羊毛の小物はChocolat Box®の参考作品です。作り方は掲載していません。

型紙（ベース）

アクレーヌを使用したベース作りの際、こちらの型紙をガイドに形を整えましょう。

LESSON 1

顔とボディは型紙に合わせてフェルトをカットし、羊毛を刺しつけます。

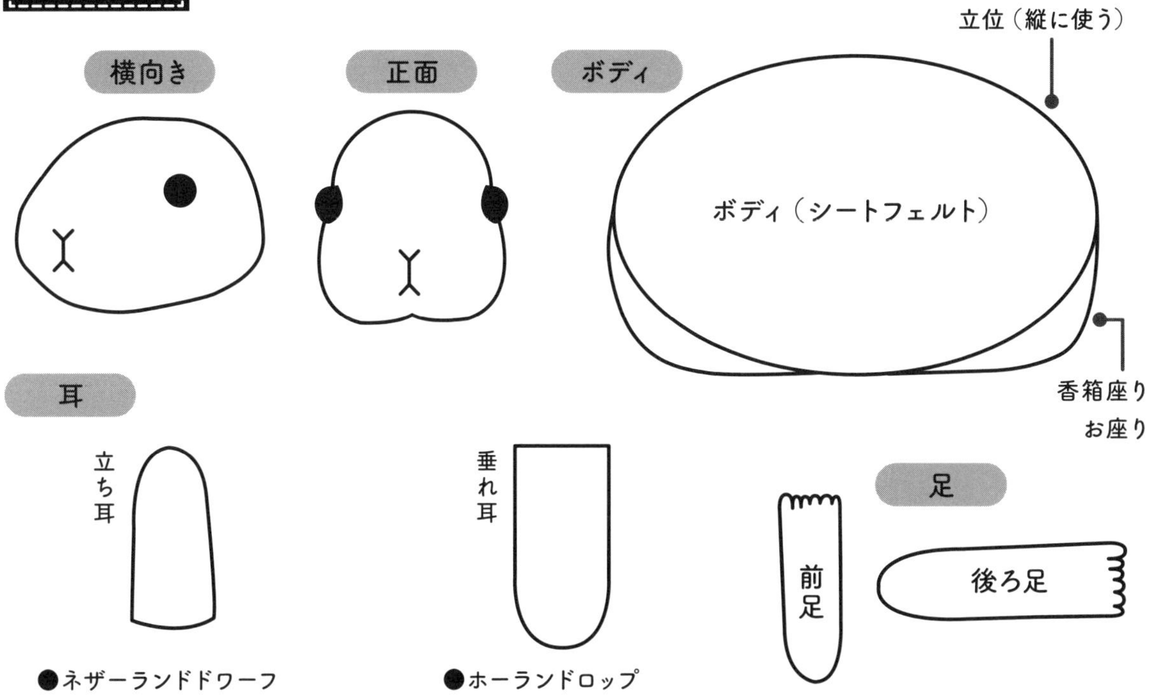

●ネザーランドドワーフ

※イングリッシュアンゴラ、ジャージーウーリー、ダッチ、ミニレッキスの耳はLESSON 2を参考に作る。

●ホーランドロップ

LESSON 2

頭とボディのベースをそれぞれ作ってからつなげます。

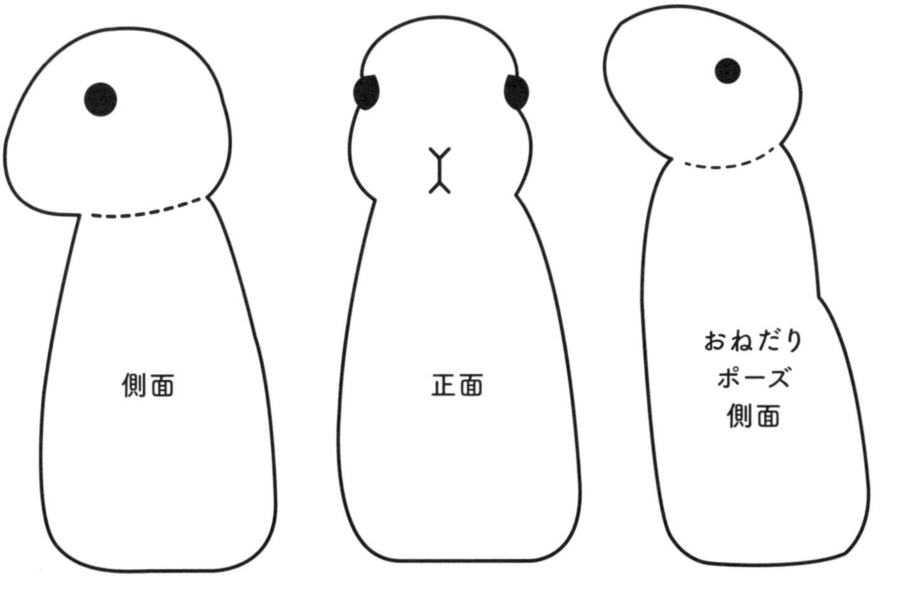

立位

●ネザーランドドワーフ

●ホーランドロップ

●ミニうさぎ

※ネザーランドドワーフとホーランドロップの耳はLESSON 1ブローチと共通

香箱

- ●小：ジャージーウーリー
- ●中：イングリッシュアンゴラ、アメリカンファジーロップ、ライオンヘッド
- ●大：フレンチアンゴラ

※アメリカンファジーロップとライオンヘッドは、足をつける。
※アメリカンファジーロップの耳はLESSON 1のホーランドロップと共通

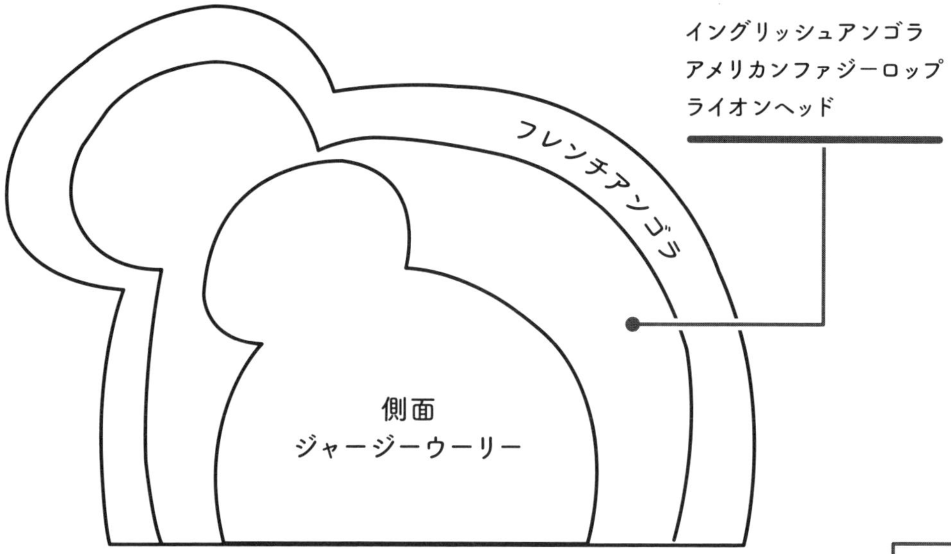

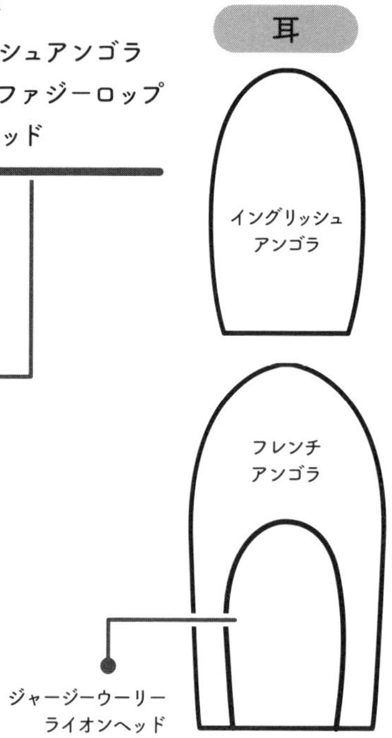

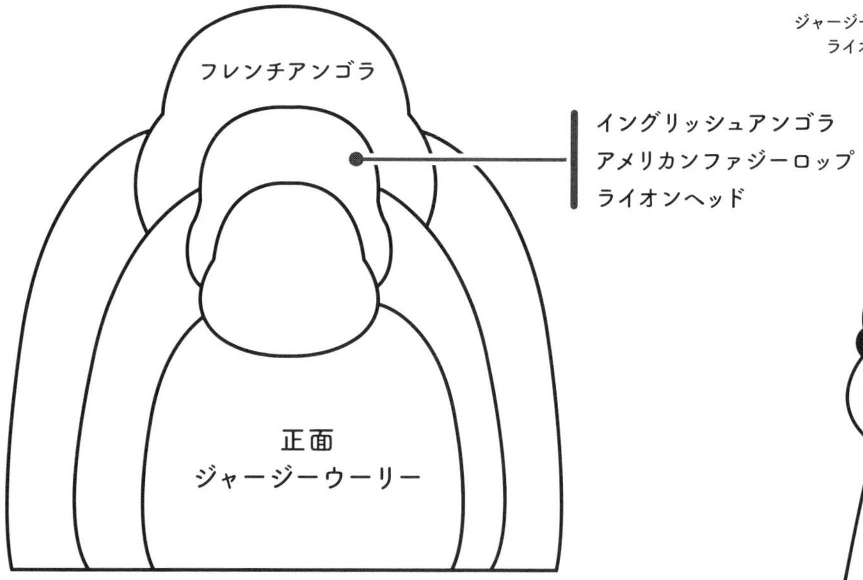

足伸ばし

●ホーランドロップ

※耳はLESSON 1ブローチと共通

200%に拡大して使用する

お座り

●ミニレッキス

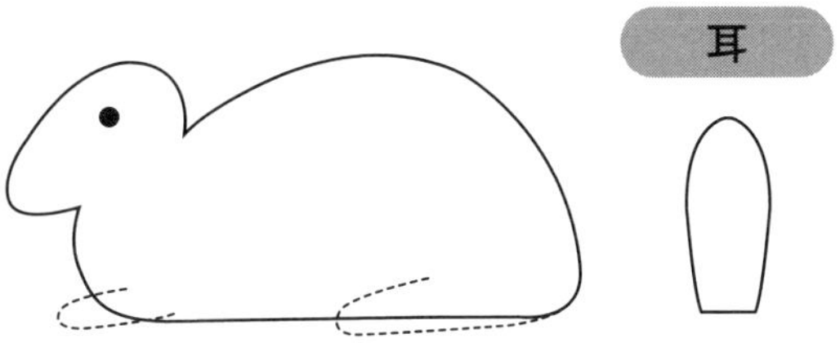

ジャンプ

●ファジーホーランドロップ

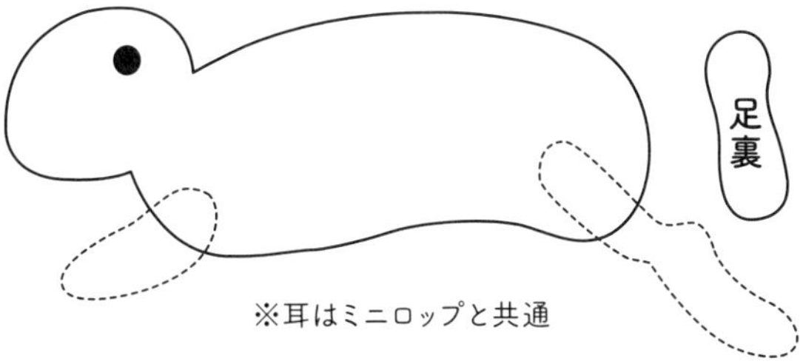

※耳はミニロップと共通

リラックス

●フレンチロップ

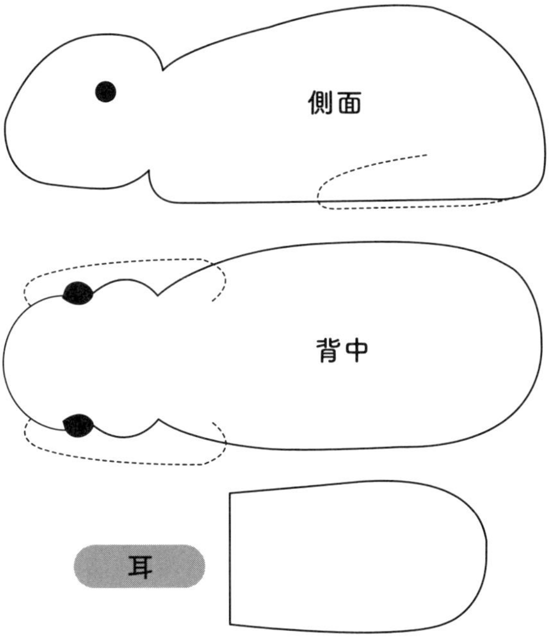

原寸

見返り

●ミニロップ

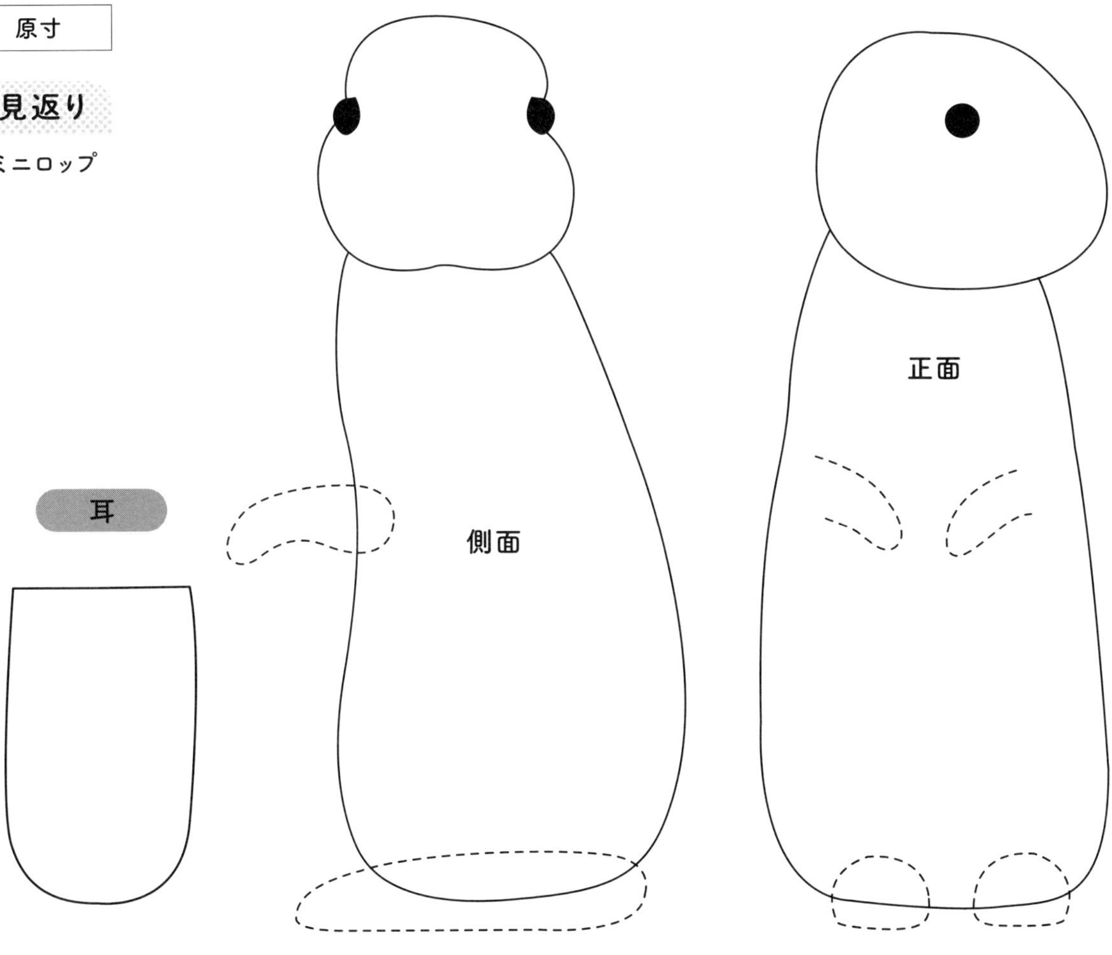

〘 ホーランドロップ 〙

フロスティ

PAGE → p.4

SIZE:高さ5cm×幅6cm×奥行き15cm

作品は後ろ足を伸ばして寝そべっているリラックスポーズ。足を開く子、斜めにそろえてくつろぐ子など、それぞれ個性があります。

材料

羊毛等	ベース	アクレーヌ（101）13.5g
	耳のベース	アクレーヌ（114）0.5g
	顔、ボディ、しっぽ	ソリッド（1）12g
	鼻の上	ソリッド（54）とソリッド（30）各少量を2：1の割合で混ぜる
	鼻、あご	ソリッド（1）
	耳（表）	ミックス（210）、ソリッド（9）
	耳（裏）	ソリッド（1）
	アイライン（黒）	アクレーヌ（112）少量
	鼻と口のライン	エクシードウール<並太>（836）
	足（裏）	ソリッド（29）少量
その他	骨格モール30cm×2本、グラスアイ（7mm）2個	

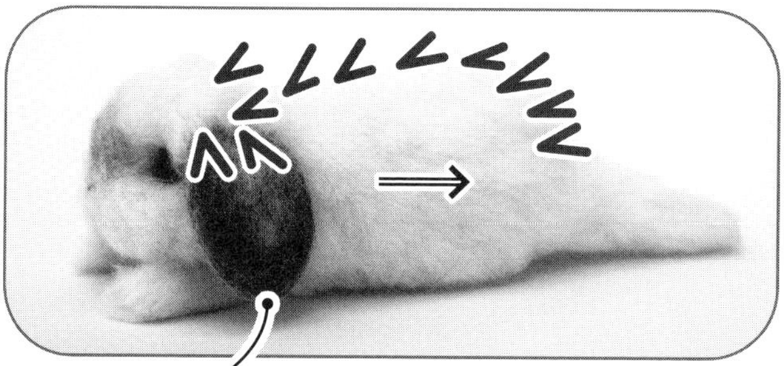

② 耳

目尻の延長線上に垂れ耳でつける。

使用羊毛

表側はミックス（210）を全体に刺しつける。ミックス（210）にソリッド（9）を少量混ぜ、チャコールグレーを作り、表側の縁に刺しつける。

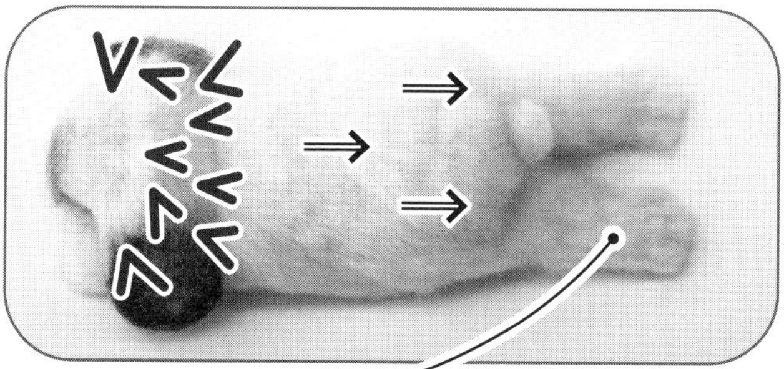

③ 足

使用羊毛

前足と後ろ足（表）はボディ用の羊毛で［折り植毛］する。後ろ足の裏側（ふくらはぎ側）は、黄ばんだ表現をするため足裏用の羊毛で［折り植毛］する。さらに足指の境目を刺しつける。

作り方

❶ 頭とボディのベースを作る

頭はアクレーヌ2.5g（ほお0.5g含む）、ボディは7gで作る。頭とボディをつなぎ、型紙（p.43）に合わせて調整する。

❷ 顔を作る

グラスアイで目をつけ、顔を［折り植毛］で植毛する。➡ 使用羊毛 参照

口周りの羊毛を刺しつけ、鼻とあごのパーツを作って刺しつける。口元のライン、アイラインを刺しつける。耳のパーツを作る。顔の羊毛でクラウンを植毛したら、耳を頭に刺しつける。➡ 使用羊毛 参照

❸ 足を作る

骨格モールとアクレーヌでLESSON 2（p. 38）と同様に前足と後ろ足のベースを作る。ポーズに合わせてモールを調整し、指定の羊毛で表と裏を［折り植毛］で植毛する。

➡ 使用羊毛 参照

❹ ボディを植毛する

おなかとボディの羊毛をそれぞれ［折り植毛］し、途中で足のパーツをアクレーヌ各１gで刺しとめる。首の付け根は［V字植毛］する。

❺ しっぽを作る

アクレーヌ0.5gでベースを作り、材料表の指定の羊毛で表と裏を刺しつけ、おしりの下につける。

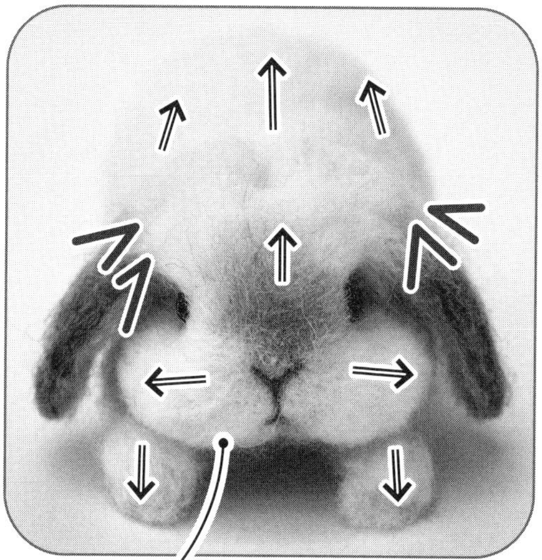

② 顔

使用羊毛

顔全体を顔用の羊毛で［折り植毛］をする。ただし、顔の中心部は鼻の上用の羊毛で［折り植毛］をする。

〘 ホーランドロップ 〙

リンクス

PAGE → p.5

SIZE:高さ11cm×幅7cm×奥行き7cm

垂れ耳の中で最も小柄。前面がつぶれたような愛嬌のある丸顔、クラウンと呼ばれる頭上の毛の盛り上がりが特徴です。

材料

羊毛等	**ベース**	アクレーヌ（101）13g
	耳のベース	アクレーヌ（114）0.5g
	植毛（茶） 顔、足（表）、 ボディ、しっぽ（表）	Chocolat Box（ライラック）6gと（クリーム）6gを1：1の割合で混ぜる
	植毛（薄茶） 胸	植毛（茶）とソリッド（1）を1：1の割合で混ぜる
	植毛（白） 目の周り、口周り、 おなか、足（裏）、 しっぽ（裏）	ソリッド（1）3g
	鼻	植毛（茶）と同じ
	あご	植毛（白）と同じ
	耳（表）	植毛（茶）と同じ
	耳（裏）	植毛（白）と同じ
	アイライン（黒）	アクレーヌ（112）少量
	鼻と口のライン	エクシードウール<並太>（836）
その他	骨格モール30cm×2本、グラスアイ（7mm）2個、 お好みで、ぬいぐるみ用ひげパーツ（白）	

作り方

❶ 頭とボディのベースを作る

頭はアクレーヌ2.5g（ほお0.5g含む）、ボディは6gで作る。頭とボディをつなぎ、型紙（p.42）に合わせて調整する。

❷ 顔を作る

グラスアイで目をつけ、顔を［折り植毛］で植毛する。➡ 使用羊毛 参照

口周りの羊毛を刺しつけ、鼻とあごのパーツを作って刺しつける。口元のライン、アイラインを刺しつける。耳のパーツを作る。植毛（茶）でクラウンを植毛したら、耳を頭に刺しつける。

❸ 足を作る

骨格モールとアクレーヌでLESSON 2（p. 38）と同様に前足と後ろ足のベースを作る。材料表の指定の羊毛で表と裏を［折り植毛］で植毛する。

❹ ボディを植毛する

おなかとボディの羊毛をそれぞれ［折り植毛］し、途中で足のパーツをアクレーヌ各1gで刺しとめる。首の付け根は［V字植毛］する。➡ 使用羊毛 参照

❺ しっぽを作る

アクレーヌ0.5gでベースを作り、材料表の指定の羊毛で表と裏を刺しつけ、おしりの下につける。

❷ 耳

目尻の延長線上に垂れ耳でつける。

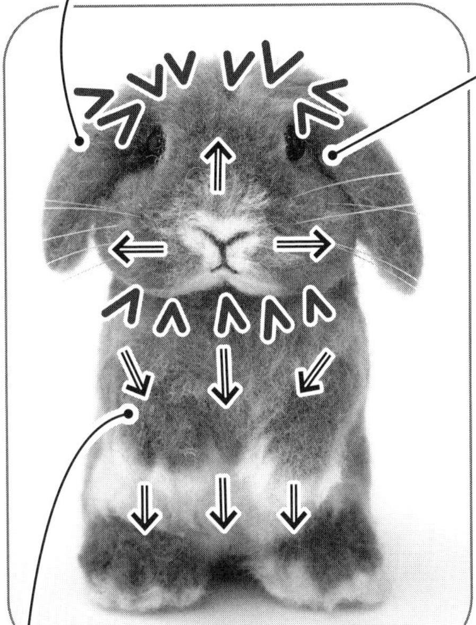

❷ 顔

お好みでひげをつける。

使用羊毛

顔は植毛（茶）で植毛するが、目の位置のみ植毛（白）で植毛する。

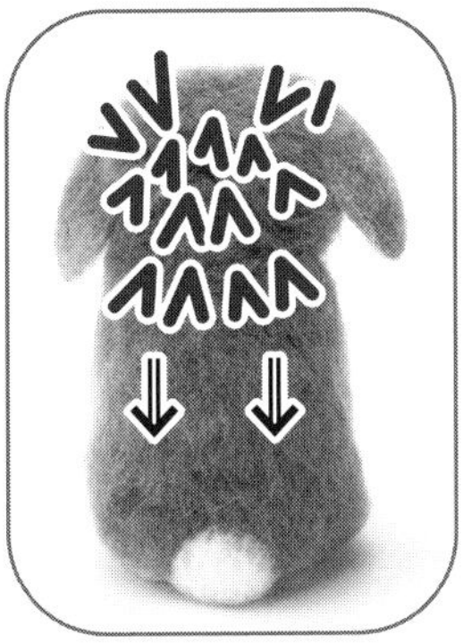

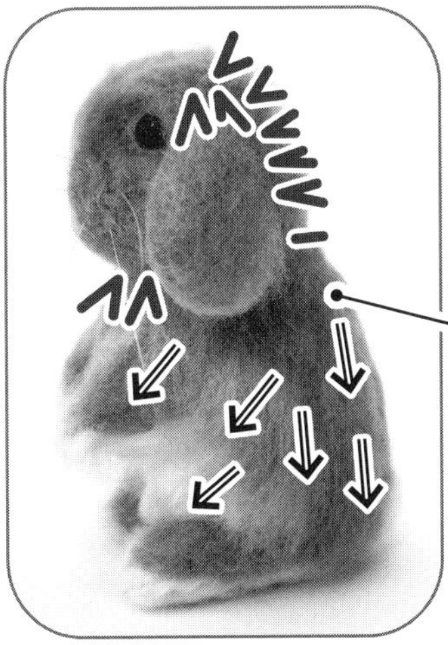

❹ ボディ・側面

使用羊毛

主に植毛（茶）の羊毛で刺すが、おなかと背中の間を植毛（薄茶）で刺しつける。

❹ ボディ・前面

使用羊毛

おなかの羊毛でおなかを植毛したら❶植毛（薄茶）、❷植毛（茶）の順に首にかけて刺しつける。

〘 ネザーランドドワーフ 〙

短い耳と丸い顔、大きな頭に小さな体が特徴の一番人気の品種。活発な子が多いです。

チェスナット

PAGE → p.12

SIZE:高さ13cm×幅5cm×奥行き6.5cm

材料

羊毛等	ベース	アクレーヌ（101）12.5g
	耳のベース	アクレーヌ（114）0.5g
	植毛（茶） 顔、ボディ、足（表）、しっぽ（表）	こだわり羊毛（305）6g、ミックス（212）6g、植毛ストレート（556）3gを、2：2：1の割合で混ぜる
	植毛（赤茶） 顔	植毛（茶）と植毛ストレート（553）を1：1の割合で混ぜる
	植毛（白） 口周り、おなか、足（裏）、しっぽ（裏）	ソリッド（1）3g
	鼻	植毛（茶）と同じ
	あご	植毛（白）と同じ
	耳（表）	植毛（茶）と同じ
	耳（裏）	植毛（白）と同じ
	鼻と口のライン	エクシードウール<並太>（836）
	アイライン（黒）	アクレーヌ（112）少量
その他	骨格モール30cm×2本、グラスアイ（7mm）2個、ぬいぐるみ用ひげパーツ（黒）	

作り方

LESSON 2（p.35）を参照して作る。

※写真から引き出した数字はLESSON 2の工程番号と連動しています。

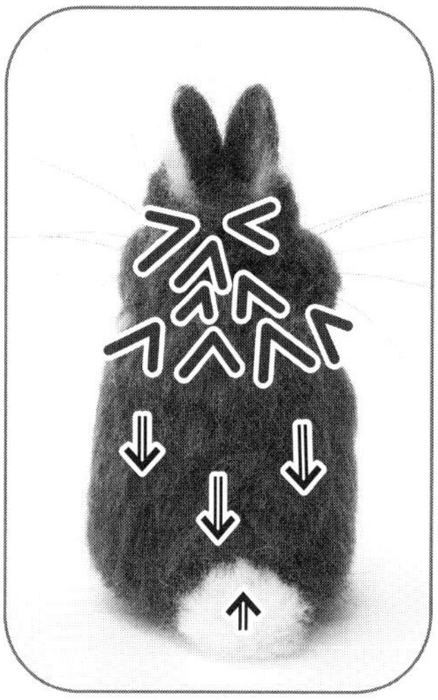

❷ 顔・目の周り

使用羊毛

主に植毛（茶）で植毛するが、目の位置には植毛（白）で植毛する。

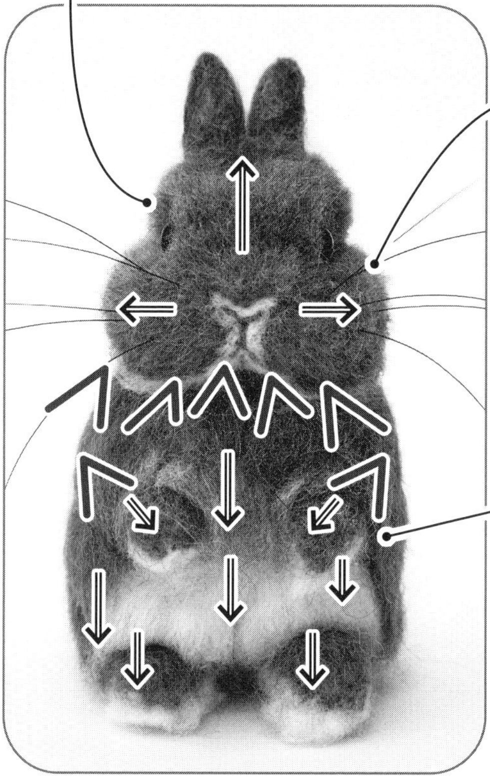

❷ 顔・ほお

お好みでひげをつける。

使用羊毛

主に植毛（茶）で植毛するが、両ほお（目の下、直径1cmくらい）は植毛（赤茶）で植毛する。

❹ ボディ・前面

使用羊毛

おなかの羊毛でおなかを植毛したら❶、❷の順に首にかけて刺しつける。

❶植毛（茶）とソリッド（1）を1：1の割合で混ぜたもの

❷植毛（茶）の羊毛

❷ 耳

使用羊毛

耳をつけたら、耳の裏側の付け根部分に植毛（白）で［V字植毛］をする。

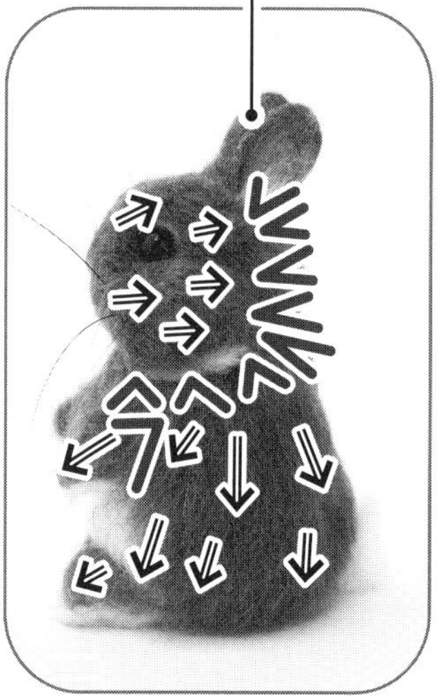

〘 ファジーホーランドロップ 〙

好奇心旺盛で活発な性格をジャンプポーズで表現しました。実際の大きさはホーランドロップと同じですが、長毛種なので大きく見えます。

ブロークンオレンジ

PAGE → p.6

SIZE:高さ7cm×幅10cm×奥行き19cm

材料

羊毛等	**ベース**	アクレーヌ（101）19.5g
	耳のベース	アクレーヌ（114）0.5g
	植毛（オレンジ①） 顔、ボディ	Chocolat Box（オレンジ）8g
	植毛（オレンジ②） 後頭部、クラウン	Chocolat Box（オレンジ）と植毛ストレート（553）各1gを1:1の割合で混ぜる
	植毛（白） 口周り、ボディ、しっぽ（裏）	ソリッド（1）5g
	植毛（薄茶） ボディ、しっぽ（表）	Chocolat Box（フォーン）1g
	鼻	植毛（オレンジ①）と同じ
	耳（裏）、あご	植毛（白）と同じ
	耳（表）	Chocolat Box（オレンジ）、ソリッド（30）各少量を2：1の割合で混ぜる
	耳先	Chocolat Box（オレンジ）、ソリッド（30）各少量を1：1の割合で混ぜる
	足（裏）	ソリッド（29）1g
	アイライン（黒）	アクレーヌ（112）少量
	鼻と口のライン	エクシードウール<並太>（836）
その他	骨格モール30cm×2本、グラスアイ（7mm）2個	

作り方

❶ 頭とボディのベースを作る

頭はアクレーヌ3g（ほお0.5g含む）、ボディは11gで作る。頭とボディをつなぎ、型紙（p.44）に合わせて調整する。

❷ 顔を作る

グラスアイで目をつけ、顔を［折り植毛］で植毛する。➡ 使用羊毛 参照

口周りの羊毛を刺しつけ、鼻とあごのパーツを作って刺しつける。口元のライン、アイラインを刺しつける。耳のパーツを作る。植毛（オレンジ②）でクラウンを植毛したら、耳を頭に刺しつける。➡ 使用羊毛 参照

❸ 足を作る

骨格モールとアクレーヌで足のベースを作る。前足は骨格モール18cmにし、アクレーヌ1gを二等分して幅1cm×長さ6cm（片足）に刺し固め、後ろ足は骨格モールを24cmにし、アクレーヌ2gを二等分して幅2cm×長さ8cm（片足）に刺し固め、足裏5cm分で曲げる。ジャンプしているポーズに合わせてモールを調整する。指定の羊毛で表と裏を［折り植毛］で植毛する。

❹ ボディを植毛する

長毛種なので植毛用の羊毛は4cmにする。おなかとボディの羊毛をそれぞれ［折り植毛］し、途中で足のパーツをアクレーヌ各1gで刺しとめる。首の付け根は［V字植毛］する。➡ 使用羊毛 参照

❺ しっぽを作る

アクレーヌ0.5gでベースを作り、材料表の指定の羊毛で表と裏を刺しつけ、おしりの下につける。

❷ 顔

植毛前にチャコペンで模様を描いておき、植毛するときのガイドにする。

使用羊毛

主に植毛（オレンジ①）の羊毛で植毛するが、耳の下とほおの周りは植毛（白）で植毛する。

※個体によっては植毛（白）が多い場合もある。

❷ 耳

耳は目尻の延長線上につける。

使用羊毛

主に耳（表）の羊毛で刺し、縁を耳先用の羊毛で刺しつける。

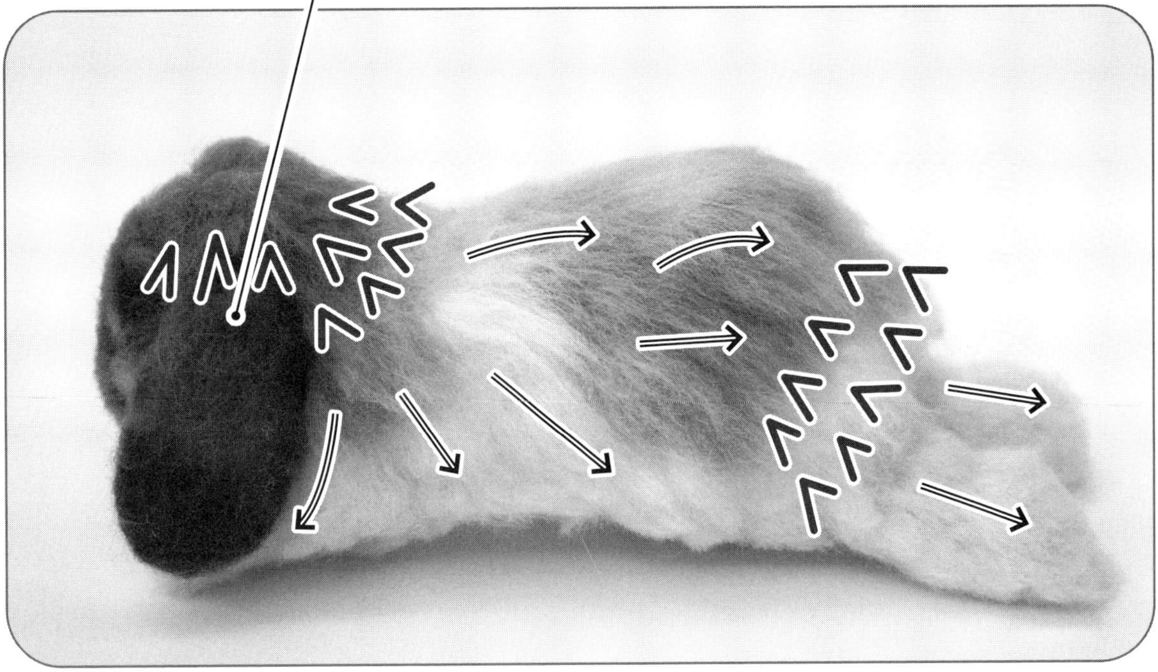

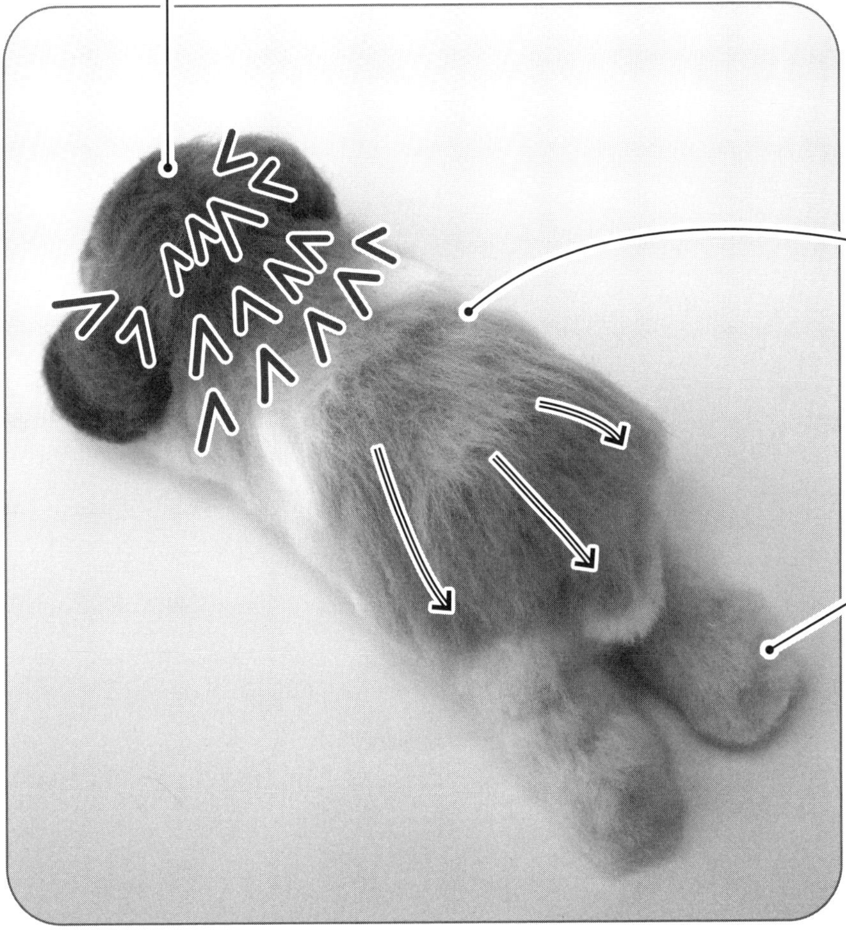

❷ 後頭部

使用羊毛

クラウンと後頭部を植毛（オレンジ②）で[V字植毛]する。

❹ ボディ・背中

使用羊毛

背中の植毛は❶～❸の3色用意し、好みの配分で模様を入れるように植毛する。

❶ 植毛（白）
❷ 植毛（薄茶）
❸ 植毛（白）と植毛（薄茶）を混ぜる

❸ 足

使用羊毛

前足と後ろ足（表側）は植毛（白）で植毛する。後ろ足の裏側（ふくらはぎ側）の足裏5cm分は、黄ばんだ表現をするため足裏用の羊毛で植毛する。さらに足指の境目を刺しつける。

〖 ミニうさぎ 〗

昔から学校で飼われていたような耳の長いうさぎです。ベースを作る際、顔を長めに整えましょう。

ライラック系

PAGE → p.7

SIZE:高さ14cm×幅8cm×奥行き7cm

材料

羊毛等	ベース	アクレーヌ（101）12.5g
	耳のベース	アクレーヌ（114）0.5g
	植毛（ライラック） 顔、ボディ、足（表）、しっぽ（表）	Chocolat Box（ライラック）8g
	植毛（茶） ほお、目の周り、胸	Chocolat Box（ライラック）と（フォーン）各3gを1：1の割合で混ぜる
	植毛（グレー） 顔	Chocolat Box（ブルー）
	植毛（白） 口周り、おなか、足（裏）、しっぽ（裏）	ソリッド（1）3g
	鼻	Chocolat Box（ライラック）
	耳（裏）、あご	植毛（白）と同じ
	耳（表）	植毛（ライラック）と同じ
	鼻と口のライン	エクシードウール<並太>（836）
	アイライン（黒）	アクレーヌ（112）少量
その他	骨格モール30cm×2本、グラスアイ（7mm）2個、ぬいぐるみ用ひげパーツ（白）	

作り方

LESSON 2（p.35）を参照して作る。違いは耳の長さと顔の長さ。顔は鼻先が長くなるようにベースを作る。

※写真から引き出した数字はLESSON 2の工程番号と連動しています。

耳ベース 実物大

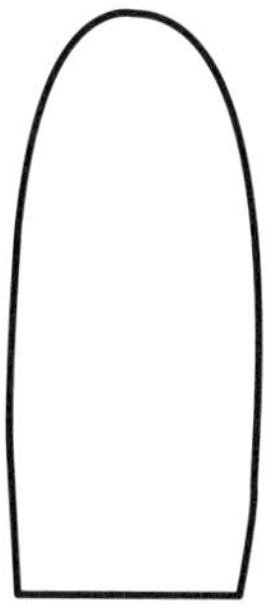

〖 ネザーランドドワーフ 〗

おやつをねだって飼い主さんを見上げるようなポーズです。赤目の子はアイラインを黒ではなく、ピンク系で囲いましょう。

チョコレートヒマラヤン

PAGE → p.19

SIZE:高さ14cm×幅8cm×奥行き7cm

材料

羊毛等	ベース	アクレーヌ（101）12.5g
	耳のベース	アクレーヌ（114）0.5g
	植毛（白） 顔、ボディ、足（裏）、しっぽ（表）	ソリッド（1）11g
	植毛（グレー） 足（表）、しっぽ（裏）	ソリッド（1）と（34）各少量を1：1の割合で混ぜる
	鼻	ソリッド（34）
	口周り	アクレーヌ（114）
	あご	植毛（白）と同じ
	耳（表）	ソリッド（34）
	耳（裏）	植毛（グレー）と同じ
	鼻と口のライン	エクシードウール<並太>（836）
	アイライン（ピンク）	アクレーヌ（114）と（111）各少量を1：1の割合で混ぜる
その他	骨格モール30cm×2本、グラスアイ（7mm・赤）2個	

作り方

LESSON 2（p.35）を参照し、型紙（p.42）はおねだりポースを使って作る。

※写真から引き出した数字はLESSON 2の工程番号と連動しています。

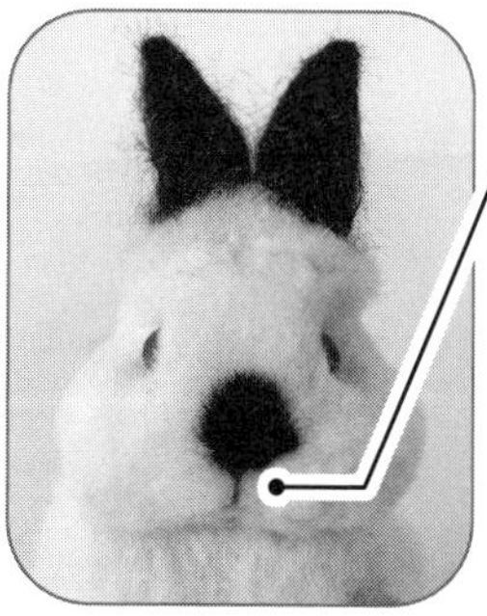

❷ 顔・口周り

使用羊毛

主に植毛（白）で植毛する。口周りのベースを植毛（白）で刺しつけたら、口周り用のアクレーヌ（114）を重ねて刺しつけ、さらに植毛（白）をごく薄く刺しつけてピンクが透けるようにする。

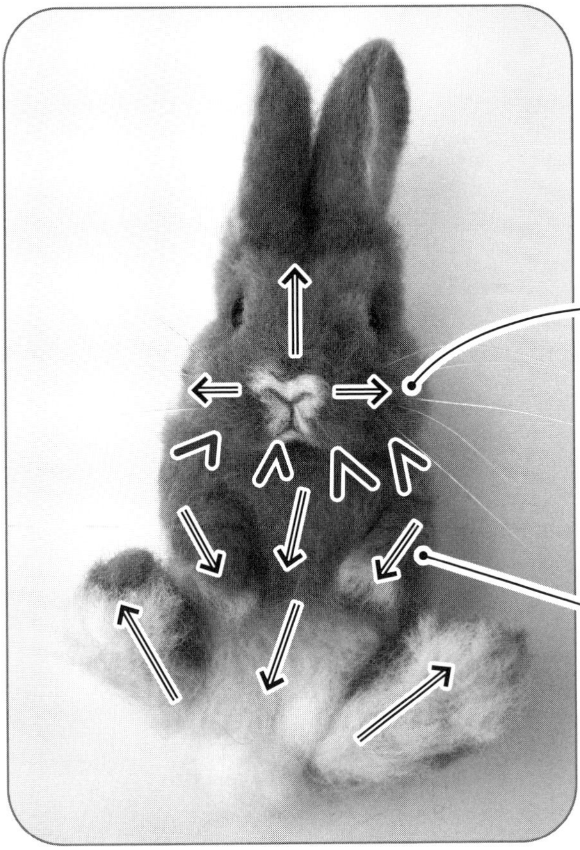

❷ 顔

お好みでひげをつける。

使用羊毛

主に植毛（ライラック）で植毛するが、目の周りと両ほおには植毛（茶）で、鼻の周りは植毛（グレー）で刺しつける。

❹ ボディ・前面

使用羊毛

おなかを植毛（白）で植毛したら胸は植毛（茶）で［折り植毛］をし、首は植毛（ライラック）で［V字植毛］をする。

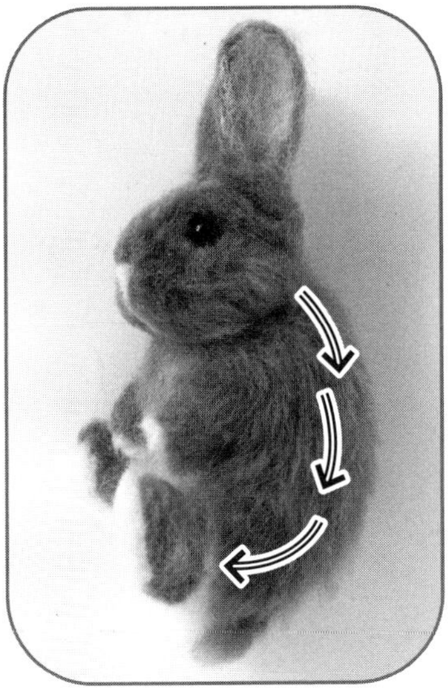

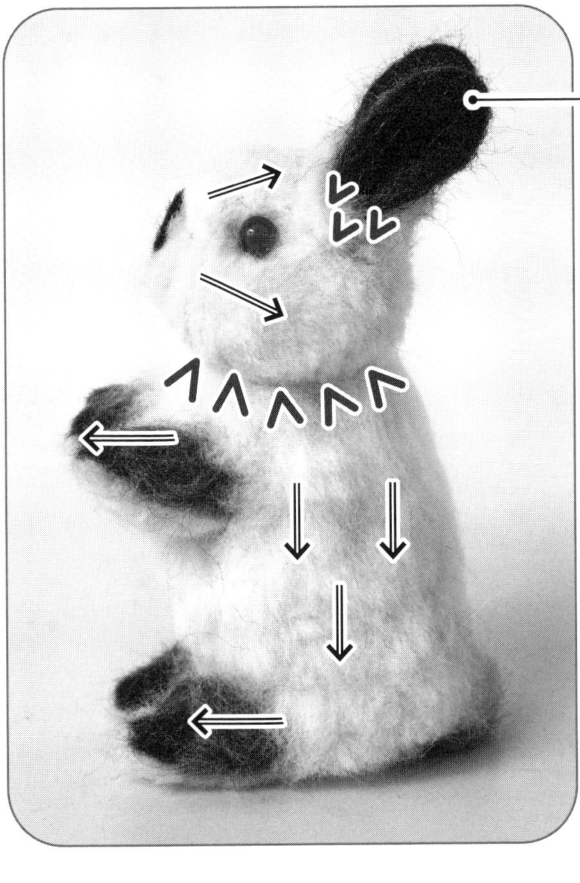

❷ 耳

使用羊毛

耳をつけたら、植毛（白）で耳の付け根を少し隠すように［V字植毛］をする。

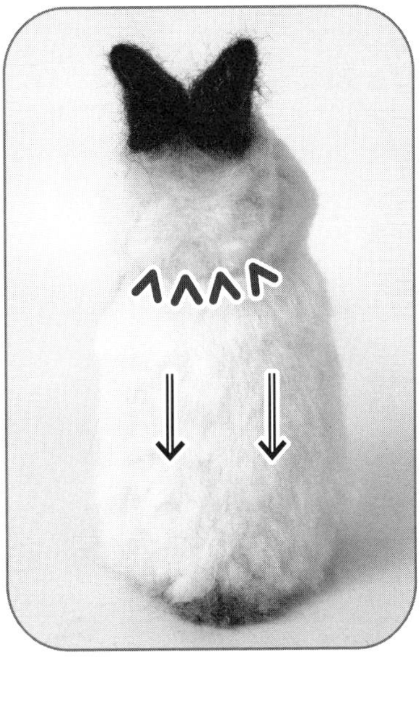

〘 ライオンヘッド 〙

セーブルポイント

PAGE → p.8／p.11

SIZE:高さ12cm×幅7cm×奥行き9cm

顔周りのふわふわの飾り毛と直立した短い耳、三角の横顔が特徴です。鼻、耳、足が濃茶のセーブルポイントカラーで作りました。

材料

羊毛等	**ベース**	アクレーヌ（101）18g
	耳のベース	アクレーヌ（114）0.5g
	植毛（白） 顔、ボディ、しっぽ	ソリッド（1）10g
	植毛（濃茶） 足（表）	ソリッド（30）と（34）各2gを1:1の割合で混ぜる
	植毛（薄茶） 目の周り、口周り、足（裏）	ソリッド（1）3g、Chocolat Box（ライラック）1g、（フォーン）1gを3：1：1の割合で混ぜる
	鼻	植毛（濃茶）と同じ
	あご	ソリッド（1）
	耳（表）	植毛（白）と同じ
	耳（裏）	植毛（濃茶）と同じ
	アイライン（黒）	アクレーヌ（112）少量
	鼻と口のライン	エクシードウール<並太>（836）
その他	骨格モール30cm×2本、グラスアイ（7mm）2個	

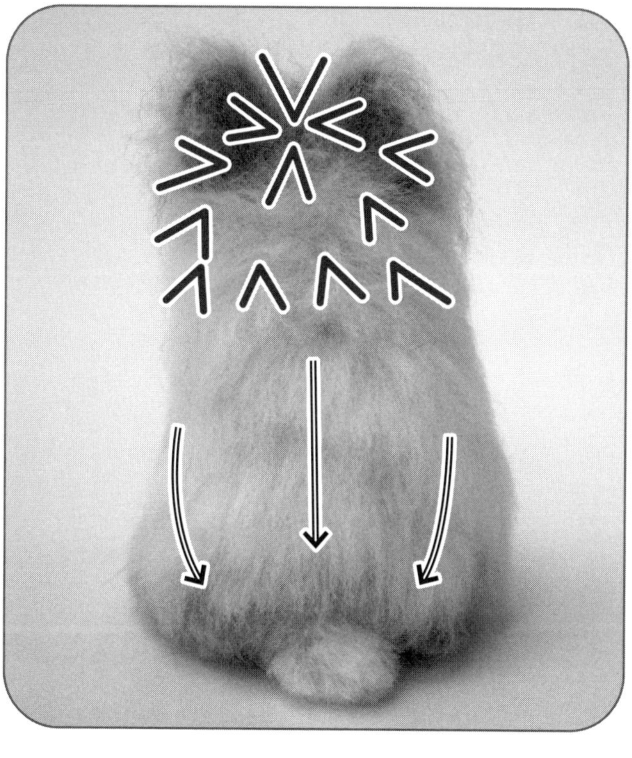

作り方

❶ 頭とボディのベースを作る

頭はアクレーヌ3g（ほお0.5g含む）、ボディは11gで作る。頭とボディをつなぎ、型紙（p.43）に合わせて調整する。

❷ 顔を作る

長毛種なので植毛用の羊毛は4cmにする。グラスアイで目をつけ、顔を［折り植毛］で植毛する。口周りの羊毛を刺しつけ、鼻とあごのパーツを作って刺しつける。➡ **使用羊毛** 参照

口元のライン、アイラインを刺しつける。耳のパーツを作り、頭に刺しつける。➡ **使用羊毛** 参照

❸ 足を作る

骨格モールとアクレーヌでLESSON 2（p. 38）と同様に前足と後ろ足のベースを作る。ただし、前足は骨格モールを18 cmで作る。材料表の指定の羊毛で表と裏を［折り植毛］で植毛する。

❹ ボディを植毛する

長毛種なので植毛用の羊毛は4 cmにする。おなかとボディの羊毛をそれぞれ［折り植毛］し、途中で足のパーツをアクレーヌ各1gで刺しとめる。首の付け根は［V字植毛］する。➡ **使用羊毛** 参照

❺ しっぽを作る

アクレーヌ0.5gでベースを作り、材料表の指定の羊毛で表と裏を刺しつけ、おしりの下につける。

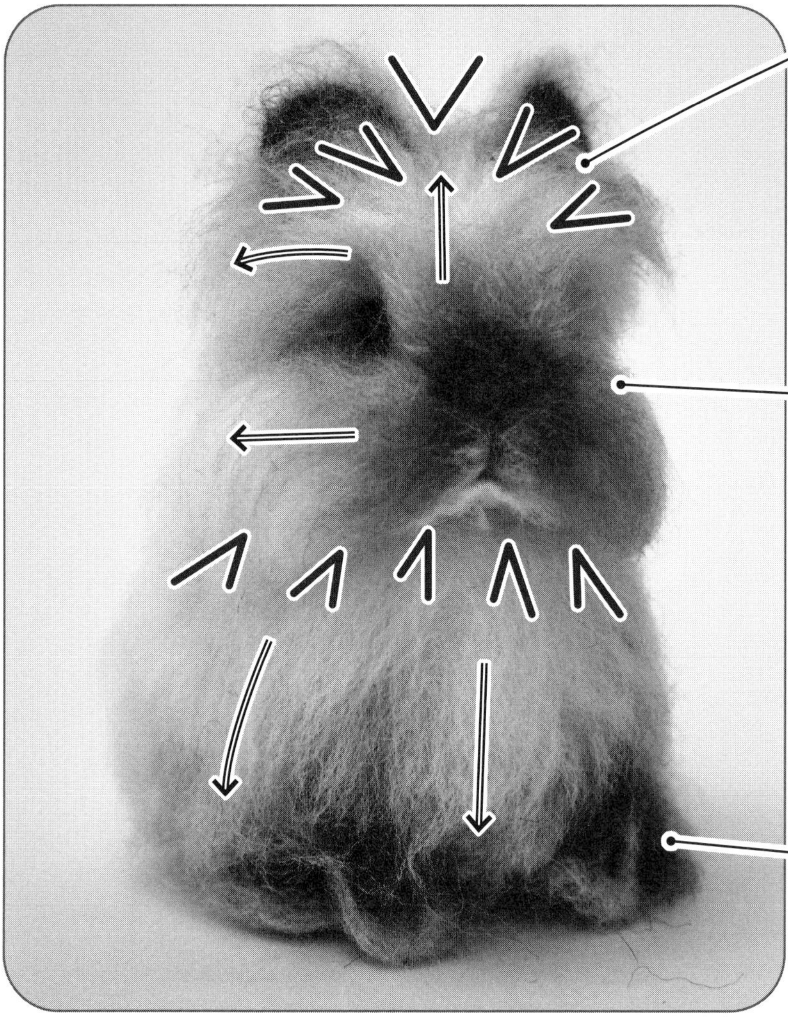

❷ 耳

使用羊毛

耳のパーツは、まずベースに耳（裏）の羊毛を刺しつけてから、耳（表）の羊毛を長めにとり、耳先からはみ出るようにして刺しつける。側面を刺し固めたら、耳の縁に飾り毛として、耳（表）の羊毛で微量の［V字植毛］をする。

❷ 顔

長毛種なので植毛用の羊毛は4cmにする。おでこは［V字植毛］をして長めの飾り毛にする。

使用羊毛

主に植毛（白）で植毛するが、目の位置は植毛（薄茶）で植毛する。口周りは❶、❷の順に中心に向かって濃くなるように植毛する。鼻の下部分に植毛（白）を少量［V字植毛］し、鼻をつける。

❶ 植毛（薄茶）

❷ 植毛（薄茶）と植毛（濃茶）を1：1の割合で混ぜたもの

❹ ボディ・足

前足は地面に対して垂直にし、足先のみ前に向けて曲げる。

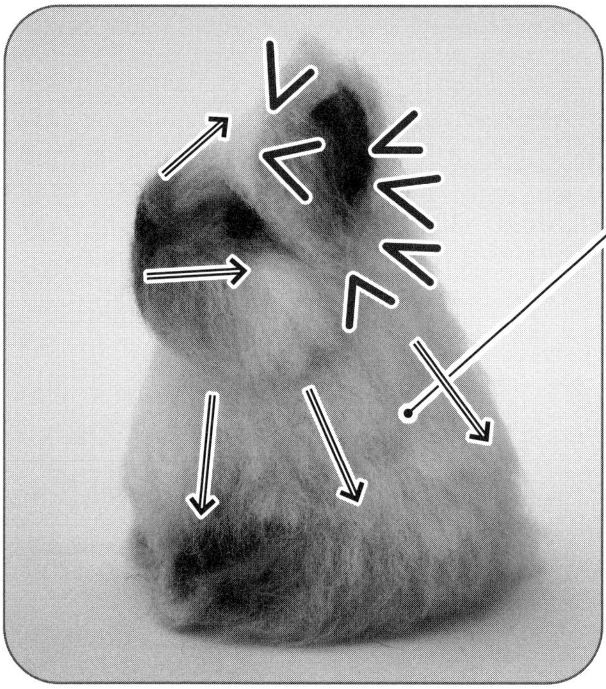

❹ ボディ・側面

使用羊毛

主に植毛（白）で植毛するが、後ろ足の付け根部分は植毛（薄茶）で植毛する。

〘 アメリカンファジーロップ 〙

オレンジ

PAGE → p.8／p.11
SIZE：高さ10cm×幅7cm×奥行き6.5cm

長く、やわらかな毛並みと、がっしりした体格が特徴ホーランドロップと同じ小さな品種です。本書ではベビーのイメージで制作しました。

材料

羊毛等	ベース	アクレーヌ（101）18g
	耳のベース	アクレーヌ（114）0.5g
	植毛（オレンジ） 顔、ボディ、足（表）	Chocolat Box（オレンジ）12gと植毛ストレート（553）3gを4：1の割合で混ぜる
	植毛（白） 口周り、おなか、しっぽ（裏）、足（裏）	ソリッド（1）5g
	植毛（薄茶） ボディ、しっぽ（表）	植毛（オレンジ）とソリッド（1）を1：1の割合で混ぜる
	鼻	植毛（オレンジ）と同じ
	あご	植毛（白）と同じ
	耳（表）	Chocolat Box（オレンジ）とソリッド（30）各少量を2：1の割合で混ぜる
	耳（縁）	Chocolat Box（オレンジ）とソリッド（30）各少量を1：1の割合で混ぜる
	耳（裏）	植毛（白）と同じ
	アイライン（黒）	アクレーヌ（112）少量
	鼻と口のライン	エクシードウール<並太>（836）
その他	グラスアイ（7mm）2個、骨格モール30cm×2本、ぬいぐるみ用ひげパーツ（白）	

作り方

❶ 頭とボディのベースを作る
頭はアクレーヌ3g（ほお0.5g含む）、ボディは11gで作る。頭とボディをつなぎ、型紙（p.43）に合わせて調整する。

❷ 顔を作る
グラスアイで目をつけ、顔を［折り植毛］で植毛する。口周りの羊毛を刺しつけ、鼻とあごのパーツを作って刺しつける。口元のライン、アイラインを刺しつける。耳のパーツを作る。植毛（オレンジ）でクラウンを植毛したら、耳を頭に刺しつける。➡ 使用羊毛 参照

❸ 足を作る
骨格モールとアクレーヌでLESSON 2（p. 38）と同様に前足と後ろ足のベースを作る。ただし、前足は骨格モールを18cmで作る。指定の羊毛で表と裏を［折り植毛］で植毛する。

❹ ボディを植毛する
おなかとボディの羊毛をそれぞれ［折り植毛］し、途中で足のパーツをアクレーヌ各1gで刺しとめる。首の付け根は［V字植毛］する。➡ 使用羊毛 参照

❺ しっぽを作る
アクレーヌ0.5gでベースを作り、材料表の指定の羊毛で表と裏を刺しつけ、おしりの下につける。

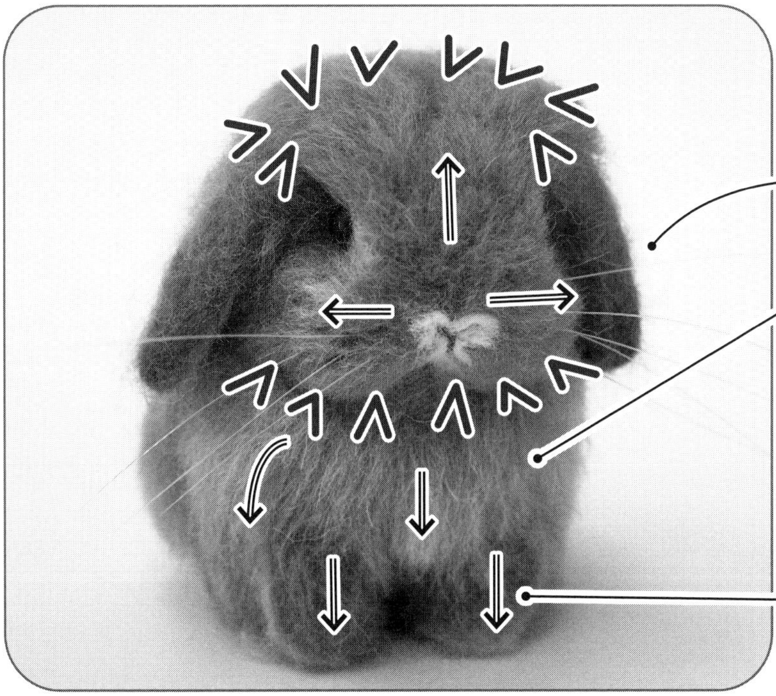

❷ 顔
お好みでひげをつける。

❹ ボディ・前面
使用羊毛
植毛（白）でおなかを植毛したら、前足の上にも1段植毛する。❶植毛（薄茶）、❷植毛（オレンジ）の順に首にかけて植毛する。おなかから胸、首にかけて色が濃くなるようにグラデーションをつける。

❹ ボディ・足
前足は地面に対して垂直にし、足先のみ前に向けて曲げる。

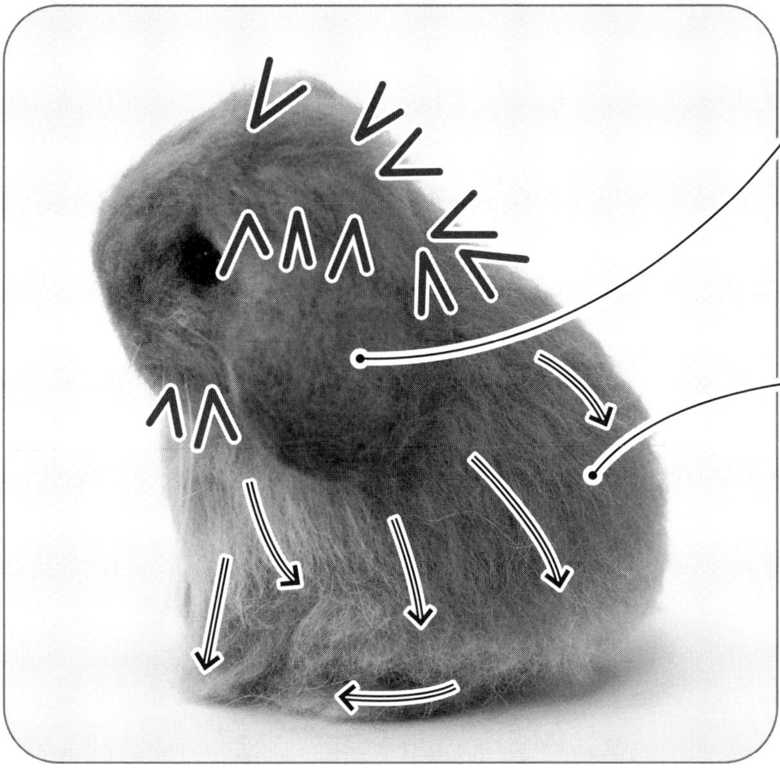

❷ 耳

目尻の延長線上に垂れ耳でつける。

使用羊毛

耳（表）の羊毛で刺しつけたあと、耳（縁）の羊毛を耳先にU字状に刺しつける。

❹ ボディ・側面

使用羊毛

主に植毛（オレンジ）の羊毛で植毛するが、おなかと背中の間は植毛（薄茶）で植毛する。

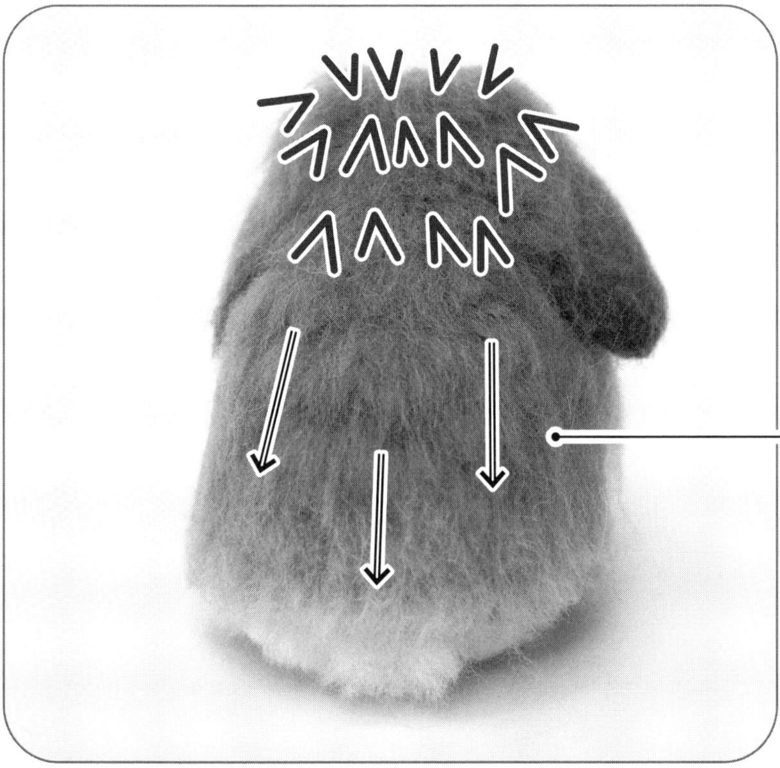

❹ ボディ・背中

使用羊毛

主に植毛（オレンジ）の羊毛で刺すが、おしりと背中の間は植毛（薄茶）で植毛する。

〘 ジャージーウーリー 〙

ブラックオター

PAGE → p.8/p.11

SIZE:高さ9cm×幅6.5cm×奥行き8cm

長毛種の中でも小型で性格も温厚なうさぎです。ブラックオターは、首の後ろに三角形のオレンジカラーの差し毛があるのが特徴です。

材料

羊毛等	ベース	アクレーヌ(101)12.5g
	耳のベース	アクレーヌ(114)0.5g
	植毛(黒) 顔、ボディ	ソリッド(9)と植毛ストレート(556)各4gを1:1の割合で混ぜる
	植毛(グレー) 口周りの差し色、胸	ソリッド(1)と植毛ストレート(556)各1gを1:1の割合で混ぜる
	植毛(茶) 後頭部上	植毛ストレート(553)少量
	植毛(白) 口周り、胸の下、目の周り	ソリッド(1)
	鼻	植毛(黒)と同じ
	あご	植毛(白)と同じ
	耳(表)	植毛(黒)と同じ
	耳(裏)	植毛(白)と同じ
	鼻と口のライン	エクシードウール<並太>(836)
	アイライン	アクレーヌ(112)
その他	グラスアイ(7mm)2個	

作り方

❶ 頭とボディのベースを作る

頭はアクレーヌ2.5g(ほお0.5g含む)、ボディは10gで作る。ボディは俵形にし、底は平らに作る。頭とボディをつなぎ、型紙(p.43)に合わせて調整する。

❷ 顔を作る

グラスアイで目をつけ、顔を[折り植毛]で植毛する。口周りの羊毛を刺しつけ、鼻とあごのパーツを作って刺しつける。➡ 使用羊毛 参照

口元のライン、アイラインを刺しつける。耳のパーツを作り、頭に刺しつける。

❸ ボディを植毛する

長毛種なので植毛用の羊毛は4cmにする。ボディの羊毛で胸の部分を[折り植毛]をし、背中と首の付け根は[V字植毛]する。足としっぽは毛で隠れているので作らない。➡ 使用羊毛 参照

※底面にも植毛したい場合は、先に植毛(白)を底面に刺しつけるか[折り植毛]してから、ボディを植毛する。

〘 ジャージーウーリー 〙

ルビーアイドホワイト

PAGE → p.8/p.10

SIZE:高さ8cm×幅6.5cm×奥行き8cm

ふわふわと歩く姿が愛らしい長毛種。ルビーアイなので赤のアイパーツを用います。鼻と口、耳の内側はピンクを薄く透けさせるのがポイント。

材料

羊毛等	ベース	アクレーヌ(101)12.5g
	耳のベース	アクレーヌ(114)0.5g
	植毛(白) 顔、ボディ	ソリッド(1)と植毛ストレート(551)各5gを1:1の割合で混ぜる
	鼻、あご	ソリッド(1)
	耳	ソリッド(1)
	口周り	アクレーヌ(114)
	鼻と口のライン	エクシードウール<並太>(836)
	アイライン	アクレーヌ(114)と(111)各少量を1:1の割合で混ぜる
その他	グラスアイ(7mm・赤)2個	

作り方

ジャージーウーリー(ブラックオター)と同様に作るが耳は短めにする。

耳 実物大

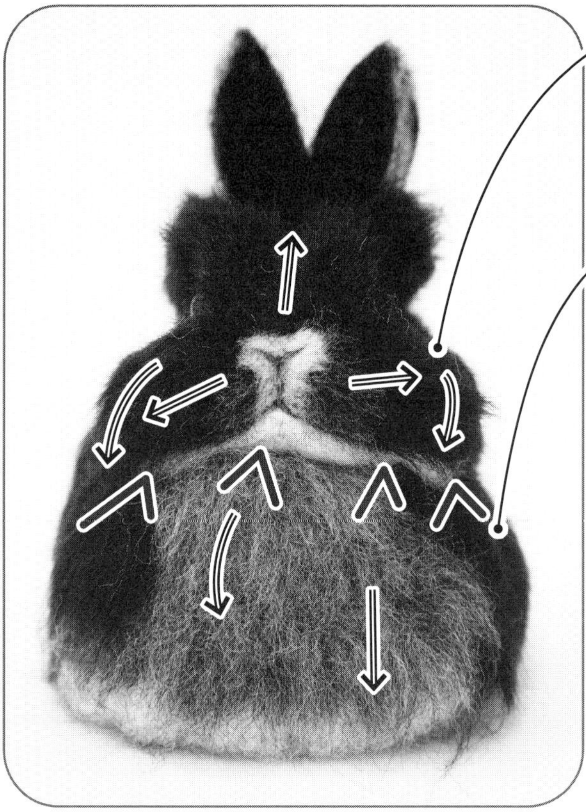

2 顔・口周り

使用羊毛

顔は主に植毛（黒）で植毛する。口周りのベースを植毛（黒）で刺しつけたら、口周りの左右に植毛（グレー）で差し色を植毛し、さらに口周りの中心に植毛（白）で［V字植毛］する。

3 ボディ

使用羊毛

胸は足元から１段分を植毛（白）で［折り植毛］したら、残りは植毛（グレー）で［折り植毛］し、首周りは［V字植毛］する。

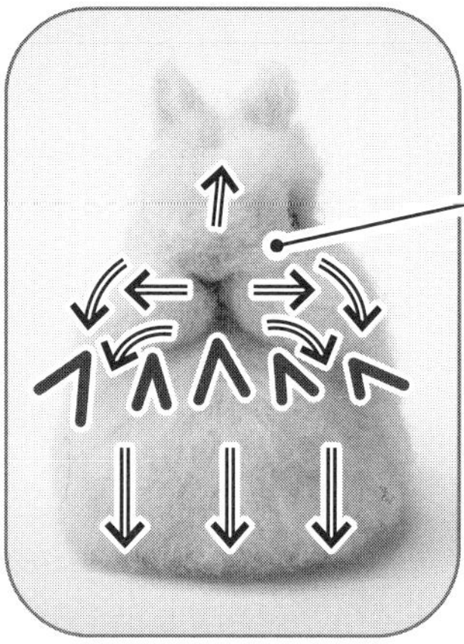

2 顔・口周り

使用羊毛

口周りのベースを植毛（白）で刺しつけたら、口周り用のアクレーヌ（114）を重ねて刺しつけ、さらに植毛（白）をごく薄く刺しつけてピンクが透けるようにする。

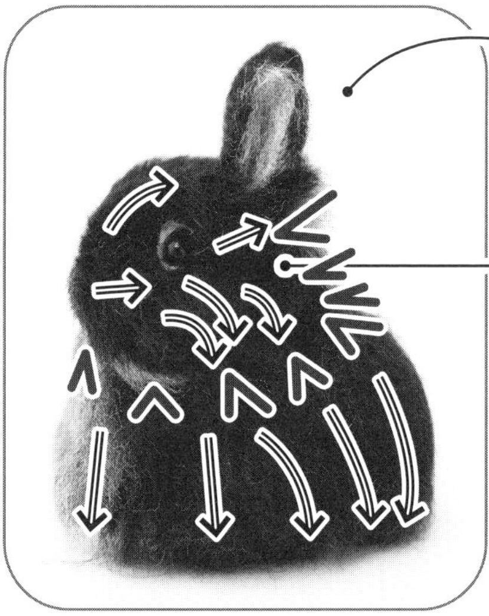

2 耳

耳は小さく短く作る。厚みがあるので、耳のベースを作る際に厚みをもたせるとよい。

2 顔・目

目の下のほおあたりは毛足を長めに整えるのがポイント。

使用羊毛

顔は植毛（黒）で植毛するが、目の位置のみ植毛（白）で植毛する。

2 顔・目

使用羊毛

グラスアイをつけたあと、アイライン用の羊毛を目の周りに刺しつけ、粘膜を作る。

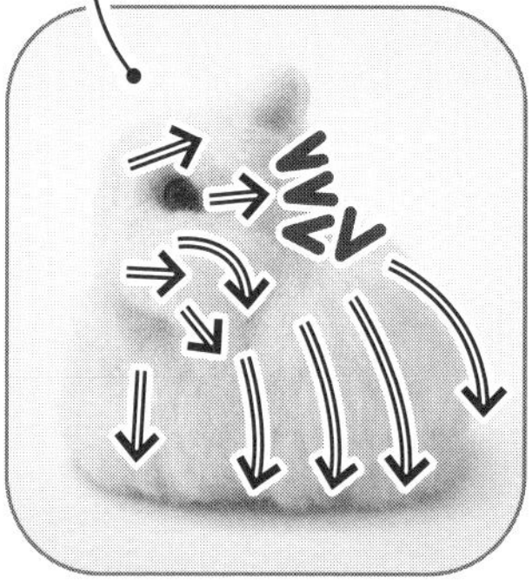

3 ボディ・背中

背中の中心のみ長めの毛束（８cm）で［V字植毛］し、左右に分かれるようにする。

使用羊毛

ボディの側面と背中は主に植毛（黒）で［V字植毛］し、後頭部の下は植毛（グレー）で、後頭部の上は植毛（茶）で三角形になるように［V字植毛］する。

〖 イングリッシュアンゴラ 〗

全身が美しい長毛で覆われており、アンゴラ種の中では一番小型で、唯一顔周りに飾り毛があります。タッセルと呼ばれる耳先の飾り毛が特徴です。

ブルー

PAGE → p.10

SIZE:高さ13cm×幅11cm×奥行き11cm

材料

羊毛等	ベース	アクレーヌ（101）14g
	耳のベース	アクレーヌ（114）0.5g
	植毛（グレー） ボディ	植毛ストレート（555）とChocolat Box（ライラック）各10gを1：1の割合で混ぜる
	植毛（茶） 顔、口周り	ソリッド（30）と（34）各2gを1：1の割合で混ぜる
	鼻	植毛（茶）と同じ
	あご	植毛（グレー）と同じ
	耳（表）	植毛（グレー）と同じ
	耳（裏）	植毛（茶）と同じ
	アイライン（黒）	アクレーヌ（112）少量
	鼻と口のライン	エクシードウール＜並太＞（836）
その他	グラスアイ（7mm）2個	

作り方

❶ 頭とボディのベースを作る

頭はアクレーヌ3g（ほお0.5g含む）、ボディは11gで作る。ボディは俵形にし、底は平らに作る。頭とボディをつなぎ、型紙（p.43）に合わせて調整する。

❷ 顔を作る

グラスアイで目をつける。長毛種なので植毛用の羊毛は4cmにし、顔を［折り植毛］で植毛する。口周りの羊毛を刺しつけ、鼻とあごのパーツを作って刺しつける。口元のライン、アイラインを刺しつける。耳のパーツを作り、頭に刺しつける。➡ 使用羊毛 参照

❸ ボディを植毛する

長毛種なので植毛用の羊毛は5cmにする。ボディの羊毛で胸の部分を［折り植毛］をし、背中と首の付け根は［V字植毛］する。足としっぽは毛で隠れているので作らない。➡ 使用羊毛 参照

※底面にも植毛したい場合は、先に植毛（グレー）を底面に刺しつけるか［折り植毛］してから、ボディを植毛する。

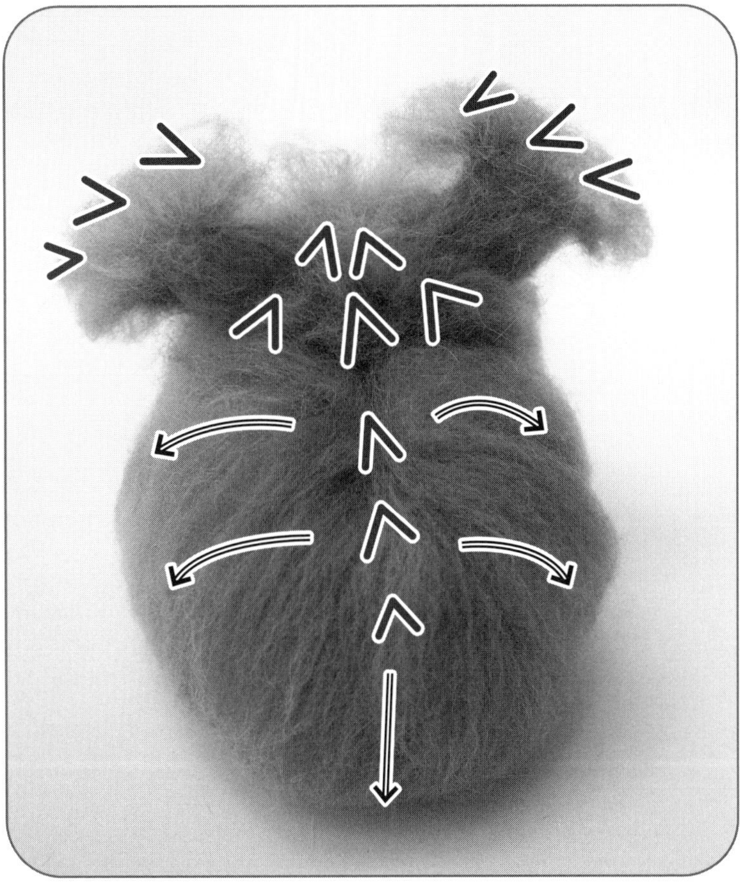

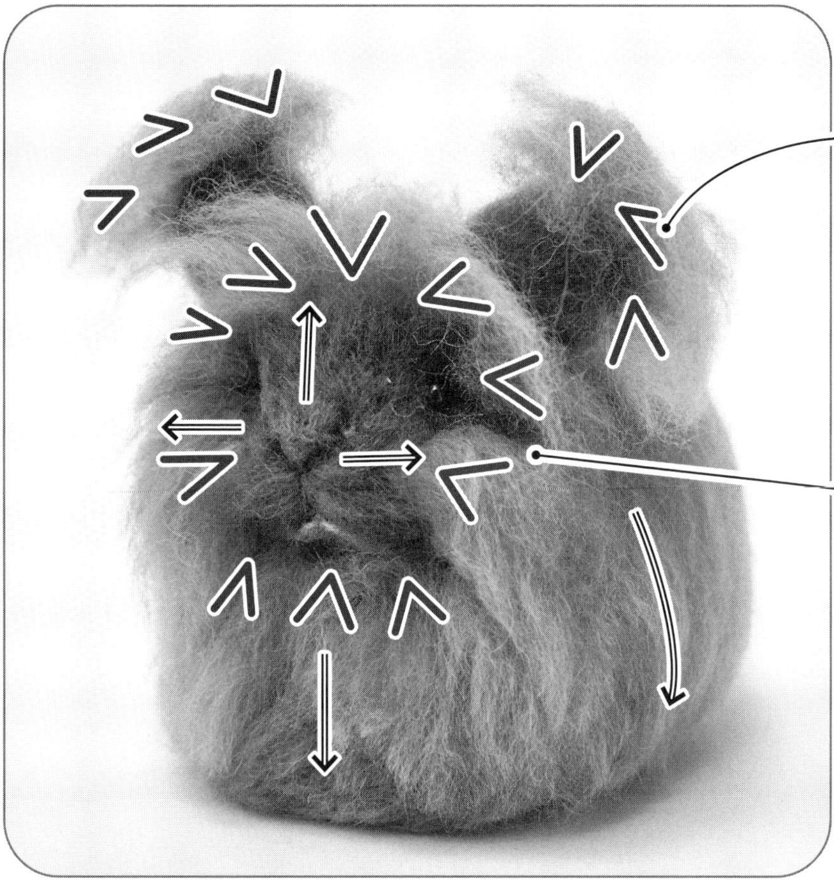

❷ 耳

飾り毛になる部分を長めにとって耳の表側に刺しつけ、裏側に毛流れがいくように飾り毛の羊毛をニードルで整える。上側に改めてV字植毛してボリュームを出してもよい。

❷ 顔

植毛前にチャコペンで模様を描いておき、植毛するときのガイドとする。

使用羊毛

植毛（グレー）を4cmにカットし、顔の外周とほおを［V字植毛］する。顔の中心部分は植毛（茶）3cmで［折り植毛］をする。

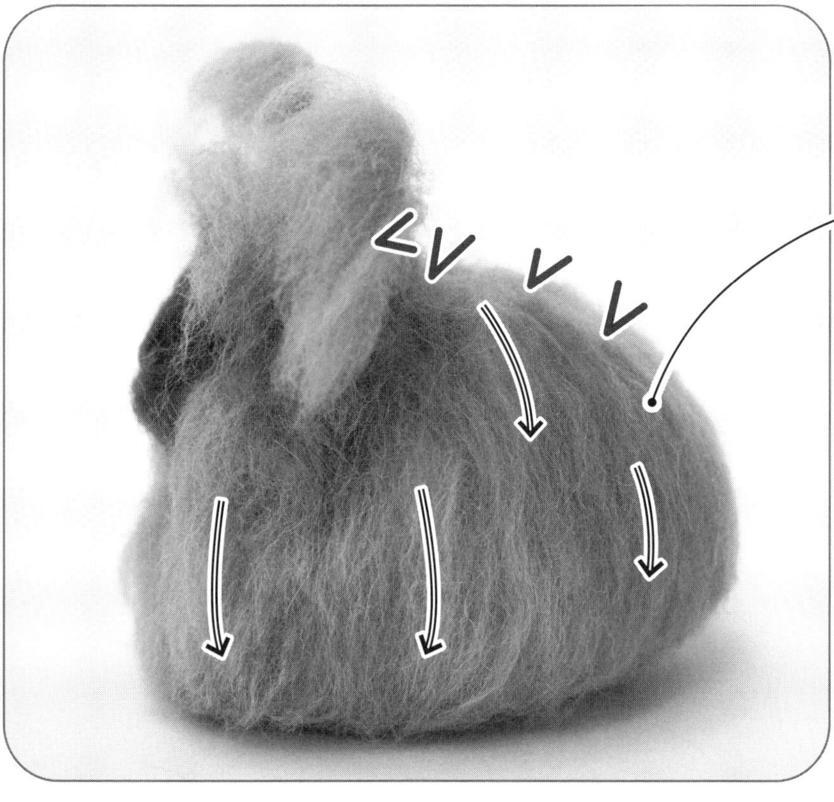

❸ ボディ・側面

使用羊毛

植毛（グレー）を5cmにカットし、［折り植毛］する。背中の中心は長めの毛束（10 cm）で［V字植毛］をし、左右に分かれるようにする。

〖 ダッチ 〗

チョコレート

PAGE → p.14

SIZE:高さ14cm×幅7cm×奥行き7cm

耳洗いをしている人気のポーズです。ダッチはハチワレ模様の顔が特徴的。顔とボディを曲げる角度は型紙や写真を参考に整えましょう。

材料

羊毛等	ベース	アクレーヌ(101)12.5g
	耳のベース	アクレーヌ(114)0.5g
	植毛(焦茶) 顔、ボディ、しっぽ(表)	ソリッド(31)6g、(34)6g、(30)2gを3:3:1の割合で混ぜる
	植毛(白) 顔、ボディ、しっぽ(裏)	ソリッド(1)7g
	口周り	アクレーヌ(114)
	鼻、あご	植毛(白)と同じ
	耳(表)	植毛(焦茶)と同じ
	耳(裏)	植毛(白)と同じ
	鼻と口のライン	エクシードウール＜並太＞(836)
	アイライン(黒)	アクレーヌ(112)少量
	アイライン(ピンク)	アクレーヌ(114)と(111)各少量を1:1の割合で混ぜる
その他	骨格モール30cm×2本、グラスアイ(7mm)2個	

作り方

❶ 頭とボディのベースを作る

頭はアクレーヌ2.5g(ほお0.5g含む)、ボディは6gで作る。頭とボディをつなぎ、型紙に合わせて調整する。チャコペンで色の分かれ目を描き、ガイドにする。

❷ 顔を作る

グラスアイで目をつけ、顔を[折り植毛]で植毛する。口周りの羊毛を刺しつけ、鼻とあごのパーツを作って刺しつける。口元のライン、アイライン2種を刺しつける。耳のパーツを作り、頭に刺しつける。➡ 使用羊毛 参照

❸ 足を作る

骨格モールとアクレーヌでLESSON 2(p. 38)と同様に前足と後ろ足のベースを作る。指定の羊毛で表と裏を[折り植毛]で植毛する。➡ 使用羊毛 参照

❹ ボディを植毛する

おなかとボディの羊毛をそれぞれ[折り植毛]し、途中で足のパーツをアクレーヌ各1gで刺しとめる。首の付け根は[V字植毛]する。➡ 使用羊毛 参照

❺ しっぽを作る

アクレーヌ0.5gでベースを作り、材料表の指定の羊毛で表と裏を刺しつけ、おしりの下につける。

型紙

前かがみになるようボディを整え、顔は横に傾けてボディとつなぐ。

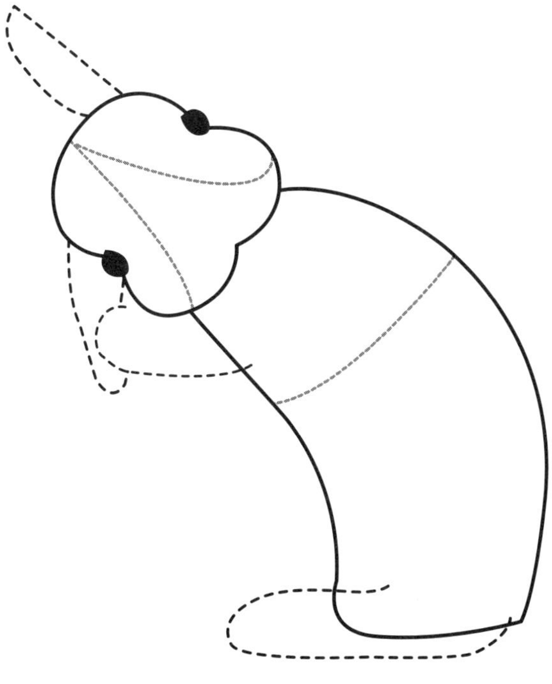

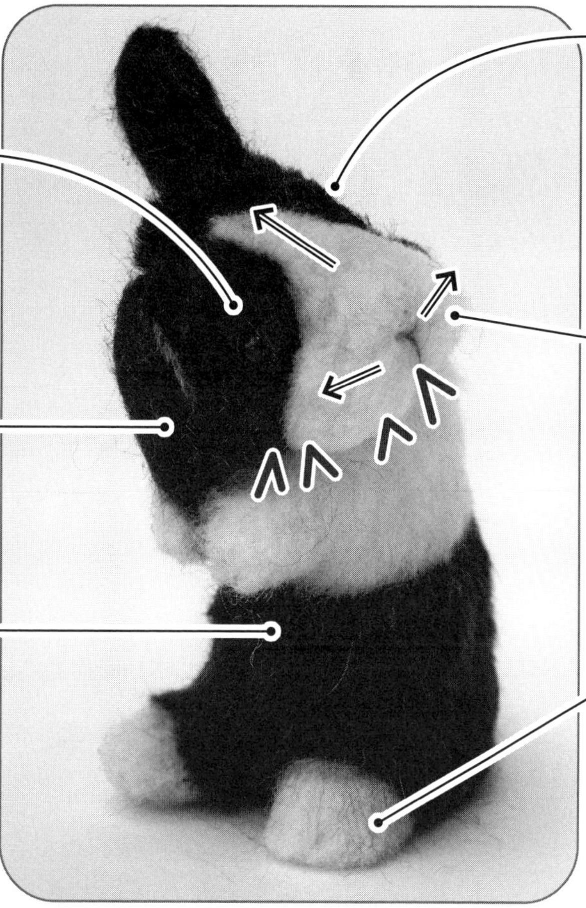

2 顔・目の周り

使用羊毛

グラスアイをつけたあと、アイライン用の羊毛（黒）を目の周りに刺しつけ、さらに（ピンク）をその外側に1周刺しつける。

2 耳

どちらも立ち耳のつけ方で刺すが、一方は折って前足で挟むように整える。

4 ボディ

植毛前に色の分かれ目をチャコペンで描いておき、植毛するときのガイドにする。

使用羊毛

ボディの下半分を植毛（焦茶）で植毛し、残りを植毛（白）で植毛する。

2 顔

植毛前にチャコペンで模様を描いておき、植毛するときのガイドにする。

使用羊毛

主に植毛（白）の羊毛で植毛し、ハチワレ部分を植毛（焦茶）で植毛する。

2 顔・口周り

使用羊毛

口周りのベースを植毛（白）で刺しつけたら、口周り用のアクレーヌ（114）を重ねて刺しつけ、さらに植毛（白）をごく薄く刺しつけてピンクが透けるようにする。

3 足

使用羊毛

前足はすべてソリッド（1）で植毛する。後ろ足はツートーンになるように足先はソリッド（1）で1段、残りは植毛（焦茶）で［折り植毛］する。

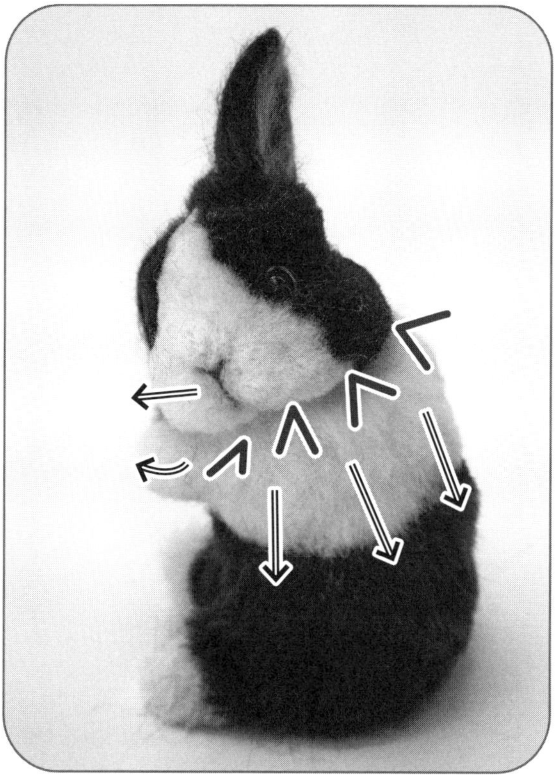

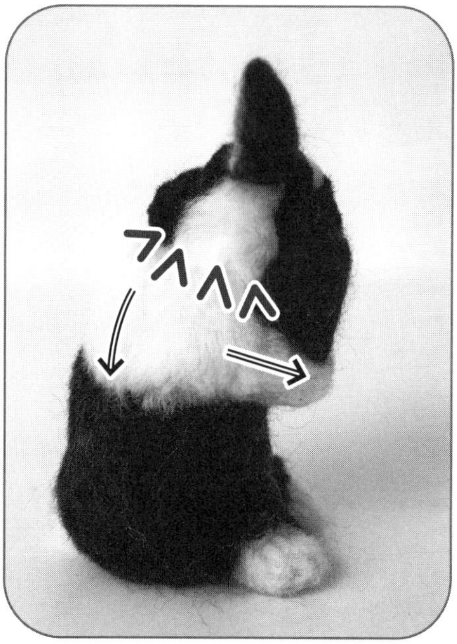

〘 ミニうさぎ 〙

（フォーン系）

PAGE → p.14

SIZE:高さ14cm×幅6cm×奥行き8cm

お祈りポーズともいわれる、前かがみで洗顔をしている姿です。前足が長くなりすぎないように、ベース作りでかわいい角度に整えましょう。

材料

羊毛等	ベース	アクレーヌ(101) 12.5g
	耳のベース	アクレーヌ(114) 0.5g
	植毛(茶) 顔、ボディ、足(表)、しっぽ(表)	Chocolat Box(フォーン) 8g
	植毛(白) 口周り、おなか、足(裏)、しっぽ(裏)	ソリッド(1) 3g
	鼻	植毛(茶)と同じ
	耳(裏)、あご	植毛(白)と同じ
	耳(表)	植毛(茶)と同じ
	鼻と口のライン	エクシードウール<並太>(836)
	目	アクレーヌ(112)
その他	骨格モール30cm×2本	

作り方

❶ 頭とボディのベースを作る

頭はアクレーヌ2.5g(ほお0.5g含む)、ボディは6gで作る。頭とボディをつなぎ、型紙に合わせて調整する。

❷ 顔を作る

顔を[折り植毛]で植毛する。口周りの羊毛を指しつけ、鼻とあごのパーツを作って刺しつける。口元のラインを刺しつける。耳のパーツを作り、頭に刺しつける。最後にバランスを考えながら目を刺しつける。

➡ **使用羊毛** 参照

❸ 足を作る

骨格モールとアクレーヌでLESSON 2(p. 38)と同様に前足と後ろ足のベースを作る。指定の羊毛で表と裏を[折り植毛]で植毛する。

❹ ボディを植毛する

おなかとボディの羊毛をそれぞれ[折り植毛]し、途中で足のパーツをアクレーヌ各1gで刺しとめる。首の付け根は[V字植毛]する。➡ **使用羊毛** 参照

❺ しっぽを作る

アクレーヌ0.5gでベースを作り、材料表の指定の羊毛で表と裏を刺しつけ、おしりの下につける。

型紙 前かがみになるように頭とボディをつなぐ。

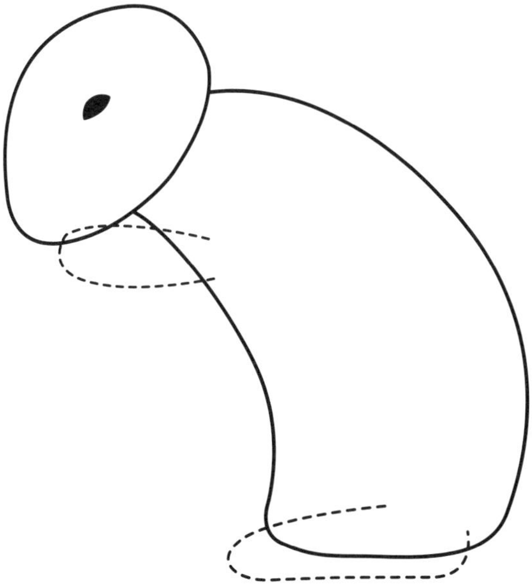

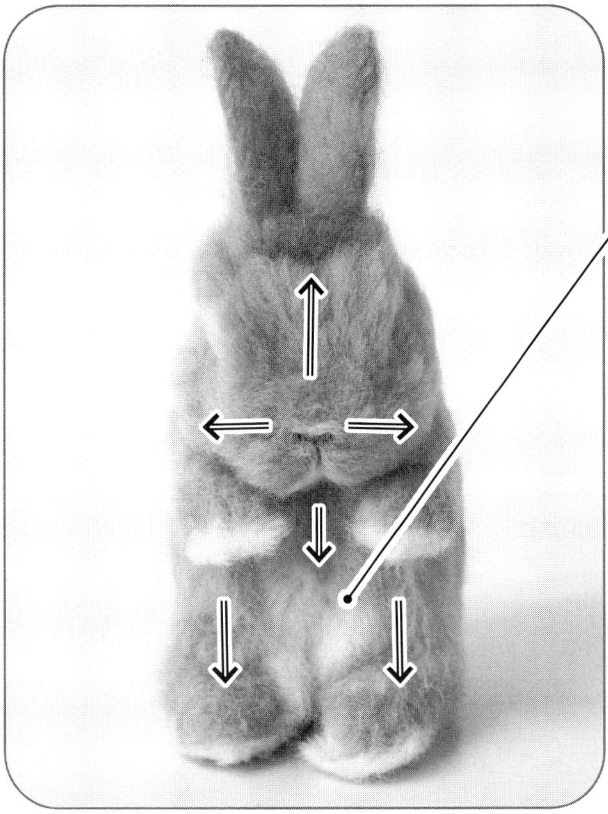

❹ ボディ・前面

使用羊毛

植毛（白）でおなかを植毛したら❶、❷の順に首にかけて刺しつける。

❶ 植毛（茶）とソリッド（1）を1：1の割合で混ぜたもの

❷ 植毛（茶）の羊毛

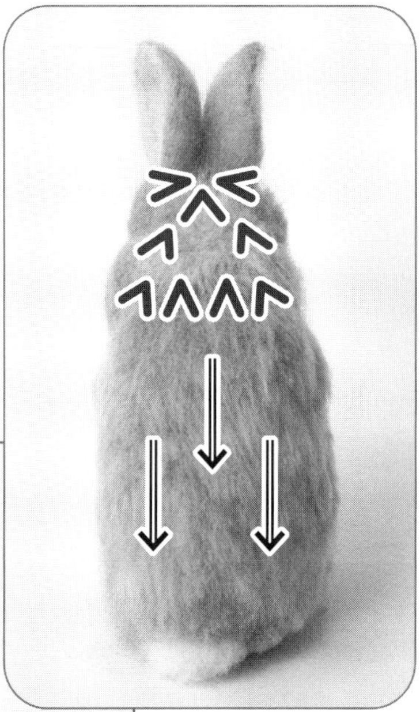

❷ 顔・耳

使用羊毛

耳をつけたら、耳の内側の付け根部分に植毛（白）で［V字植毛］をする。

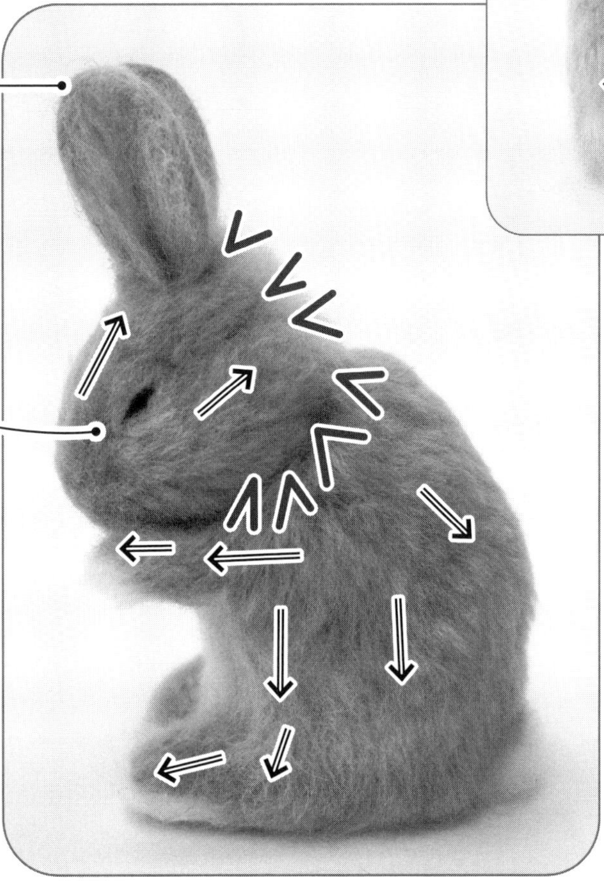

❷ 顔・目

使用羊毛

顔は植毛（茶）で植毛するが、目の位置のみ植毛（白）で植毛をする。目はアクレーヌ（112）を細くよったもので、目をつぶっているように細いアーモンド状に刺しつける。

〘 フレンチアンゴラ 〙

フォーン

PAGE → p.15

SIZE:高さ15cm×幅10cm×奥行き15cm

顔と耳は短毛でボディが長毛のフレンチアンゴラ。耳に飾り毛をつけて高貴な印象をアップ。「こんな子いたらいいな」が作れるのも羊毛フェルトの魅力です。

材料

羊毛等	**ベース**	アクレーヌ(101) 19g
	耳のベース	アクレーヌ(114) 1g
	顔(上半分)	こだわり羊毛(303) 3g
	顔(下半分)	こだわり羊毛(301) 3g
	ボディ	植毛ストレート(552) 6g、こだわり羊毛(301) 3gを2:1の割合で混ぜる
	目の周り、口の周り、あご	ソリッド(1)
	鼻	こだわり羊毛(303)
	耳(表)	こだわり羊毛(301)
	耳(縁)、耳(飾り毛)	ソリッド(1)と植毛ストレート(551)を1:1の割合で混ぜる
	耳(裏)	ソリッド(1)
	鼻と口のライン	エクシードウール<並太>(836)
	アイライン(黒)	アクレーヌ(112) 少量
	アイライン(ピンク)	アクレーヌ(114)と(111) 各少量を1:1の割合で混ぜる
	まつ毛	植毛ストレート(553)
その他	グラスアイ(7mm) 2個	

作り方

❶ 頭とボディのベースを作る

頭はアクレーヌ4g(ほお0.5g含む)、ボディは15gで作る。ボディは俵形にし、底は平らに作る。頭とボディをつなぎ、型紙(p.43)に合わせて調整する。

❷ 顔を作る

グラスアイで目をつけ、顔を[折り植毛]で植毛する。口周りの羊毛を刺しつけ、鼻とあごのパーツを作って刺しつける。口元のライン、アイライン2種、まつ毛を刺しつける。耳のパーツを作り、頭に刺しつける。

➡ **使用羊毛** 参照

❸ ボディを植毛する

長毛種なので植毛用の羊毛は6cmにする。ボディの羊毛で胸の部分を[折り植毛]をし、背中と首の付け根は[V字植毛]する。足としっぽは毛で隠れているので作らない。

※底面にも植毛したい場合は、先にボディの羊毛を底面に刺しつけるか[折り植毛]をしてから、ボディを植毛する。

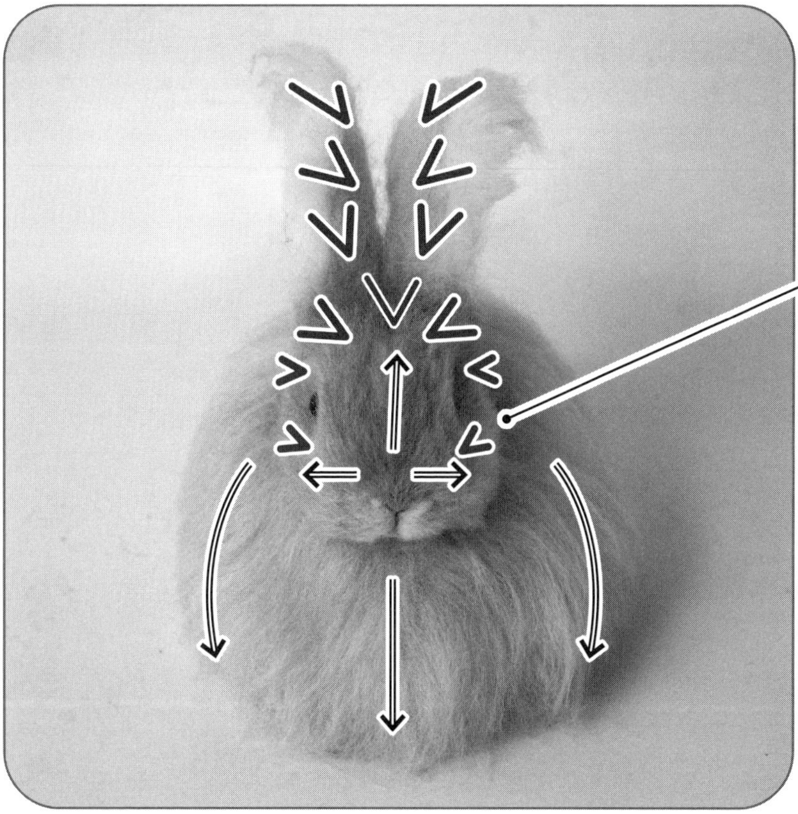

❷ 顔

植毛前にチャコペンで鼻を中心に上下に分けるラインを描いておき、植毛するときのガイドにする。

使用羊毛

こだわり羊毛(303)で鼻より上を植毛し、こだわり羊毛(301)で鼻より下を植毛する。ただし、目の位置にはソリッド(1)を刺しつける。

❷ 耳

使用羊毛

耳のベースを作り、外側にこだわり羊毛（301）、内側にソリッド（1）を刺しつけ、形を整える。ソリッド（1）と植毛ストレート（551）を1：1で混ぜ、耳の縁や先に［V字植毛］して飾り毛を作る。

※純血種のフレンチアンゴラは耳の縁に飾り毛はありません。

❷ 顔・目

LESSON2 ARRANGE
まつ毛をつける場合（p.40）を参考にまつ毛をつける。

使用羊毛

グラスアイをつけたあと、アイライン用の羊毛（黒）を目の周りに刺しつけ、さらに（ピンク）をその外側に1周刺しつける。ピンクのラインの外側（上まぶたのみ）にまつ毛の羊毛でラインを入れ、さらにライン上に［V字植毛］でまつ毛を入れる。

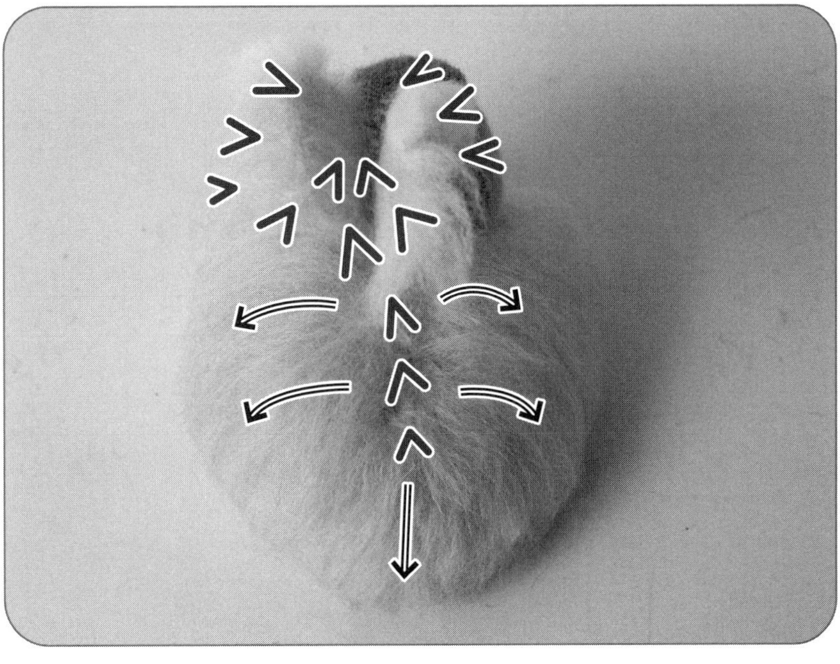

〘 ミニレッキス 〙

ブロークンブラック

PAGE → p.16

SIZE:高さ10cm×幅6cm×奥行きx12cm

ビロードのように美しい短毛の毛並みが特徴です。通常の倍ほどの羊毛を使い、隙間なく植毛して仕上げます。顔は小さく、ボディは大きめのバランスで作りましょう。

材料

羊毛等	ベース	アクレーヌ(101) 13g
	耳のベース	アクレーヌ(114) 0.5g
	植毛(白) 顔、ボディ、足、しっぽ	ソリッド(1)と植毛ストレート(551)各15gを1:1の割合で混ぜる
	植毛(黒) 模様	ソリッド(9) 7g
	鼻	植毛(黒)と同じ
	あご	植毛(白)と同じ
	耳(表)	植毛(黒)と同じ
	耳(裏)	植毛(白)と同じ
	鼻と口のライン	エクシードウール<並太>(836)
	アイライン(黒)	アクレーヌ(112) 少量
	アイライン(ピンク)	アクレーヌ(114)と(111)各少量を1:1の割合で混ぜる
その他	骨格モール30cm×2本、グラスアイ(6mm) 2個	

作り方

❶ 頭とボディのベースを作る

頭はアクレーヌ2g(ほお0.5g含む)、ボディは7gで作る。頭とボディをつなぎ、型紙(p.44)に合わせて調整する。

❷ 顔を作る

グラスアイで目をつけ、顔を[折り植毛]、もしくは[V字植毛]で植毛する。植毛した羊毛はすべて垂直に立たせるようにし、隙間をあけずに密に植毛する。口周りの羊毛を刺しつけ、鼻とあごのパーツを作って刺しつける。口元のライン、アイライン2種を刺しつける。耳のパーツを作り、頭に刺しつける。➡ 使用羊毛 参照

❸ 足を作る

骨格モールとアクレーヌでLESSON 2(p. 38)と同様に前足と後ろ足のベースを作る。材料表の指定の羊毛で表と裏を[折り植毛]で植毛する。

❹ ボディを植毛する

ボディを[折り植毛]、もしくは[V字植毛]で植毛する。植毛した羊毛はすべて垂直に立たせるようにし、隙間をあけずに密に植毛する。途中で足のパーツをアクレーヌ各1gで刺しとめる。➡ 使用羊毛 参照

❺ しっぽを作る

アクレーヌ0.5gでベースを作り、材料表の指定の羊毛で表と裏を刺しつけ、おしりの下につける。
➡ 使用羊毛 参照

❷ 顔

植毛前にチャコペンで模様を描いておき、植毛するときのガイドとする。

使用羊毛

主に植毛(白)の羊毛で植毛し、模様を植毛(黒)で植毛する。

❷ 顔・目の周り

使用羊毛

グラスアイをつけたあと、アイライン用の羊毛(黒)を目の周りに刺しつけ、さらに(ピンク)をその外側に1周刺しつける。

❹ ボディ

使用羊毛

主に植毛（白）で植毛し、模様は植毛（黒）で入れる。大きな模様は植毛（白）の植毛時に入れるが、小さな模様はボディの植毛後に羊毛を割るようにして［V字植毛］で入れる。

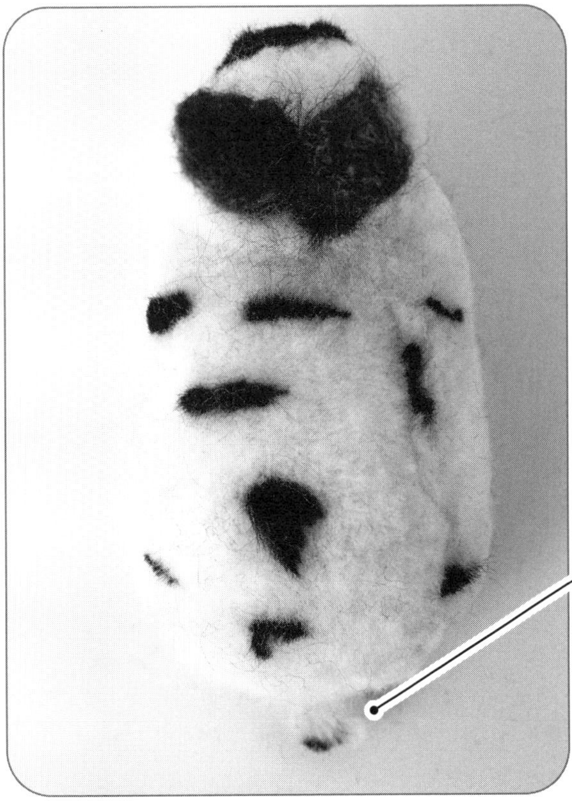

❺ しっぽ

使用羊毛

主に植毛（白）で作り、まだらの部分に植毛（黒）を刺しつける。LESSON 1 ARRANGEドット模様にする（p.28）を参考にあとから植毛（黒）の羊毛を刺しつけてもよい。

〘 ミニロップ 〙

ブルー

PAGE → p.17

SIZE:高さ15cm×幅9cm×奥行き9cm

ミニとついていますが、ホーランドロップより大きなボディと長い耳が特徴。いたずらしていて「見つかっちゃった?」と振り向いたポーズです。

材料

羊毛等	ベース	アクレーヌ（101）17g
	耳のベース	アクレーヌ（114）1g
	植毛（グレー） 顔、ボディ、足（表）、しっぽ（表）	Chocolat Box（ブルー） 12g
	植毛（白） 口周り、おなか、しっぽ（裏）、足（裏）	ソリッド（1）5g
	植毛（薄グレー） ボディ（胸）	Chocolat Box（ブルー）とソリッド（1）を各1g 1:1の割合で混ぜる
	鼻	植毛（グレー）と同じ
	あご	植毛（白）と同じ
	耳（表）	植毛（グレー）と同じ
	耳（裏）	植毛（白）と同じ
	アイライン（黒）	アクレーヌ（112）少量
	鼻と口のライン	エクシードウール<並太>（836）
その他	骨格モール30cm×2本、グラスアイ（8mm）2個	

作り方

❶ 頭とボディのベースを作る

頭はアクレーヌ3.5g（ほお1g含む）、ボディは8gで作る。頭とボディをつなぎ、型紙（p.44）に合わせて調整する。

❷ 顔を作る

グラスアイで目をつけ、顔を［折り植毛］で植毛する。口周りの羊毛を刺しつけ、鼻とあごのパーツを作って刺しつける。口元のライン、アイラインを刺しつける。耳のパーツを作る。植毛（グレー）でクラウンを植毛したら、耳を頭に刺しつける。

❸ 足を作る

骨格モールとアクレーヌで足のベースを作る。前足は骨格モール18cmにし、アクレーヌ1gを二等分して幅1cm×長さ6cm（片足）に刺し固め、後ろ足は骨格モールを24cmにし、アクレーヌ2gを二等分して幅2cm×長さ6cm（片足）に刺し固める。指定の羊毛で表と裏を［折り植毛］で植毛する。

❹ ボディを植毛する

サイズが大きいので植毛用の羊毛は4cmにする。おなかとボディの羊毛をそれぞれ［折り植毛］し、途中で足のパーツをアクレーヌ各1gで刺しとめる。首の付け根は［V字植毛］する。➡ **使用羊毛** 参照

❺ しっぽを作る

アクレーヌ0.5gでベースを作り、材料表の指定の羊毛で表と裏を刺しつけ、おしりの下につける。

❷ 顔・クラウン

頭頂部に［V字植毛］で植毛する。耳とつながるように、顔の丸みに沿って作る。

❹ ボディ・前面

使用羊毛

植毛（白）でおなかを植毛したら、❶植毛（薄グレー）、❷植毛（グレー）の順に首にかけて刺しつける。おなかから胸、首にかけて濃くなるようにグラデーションをつける。

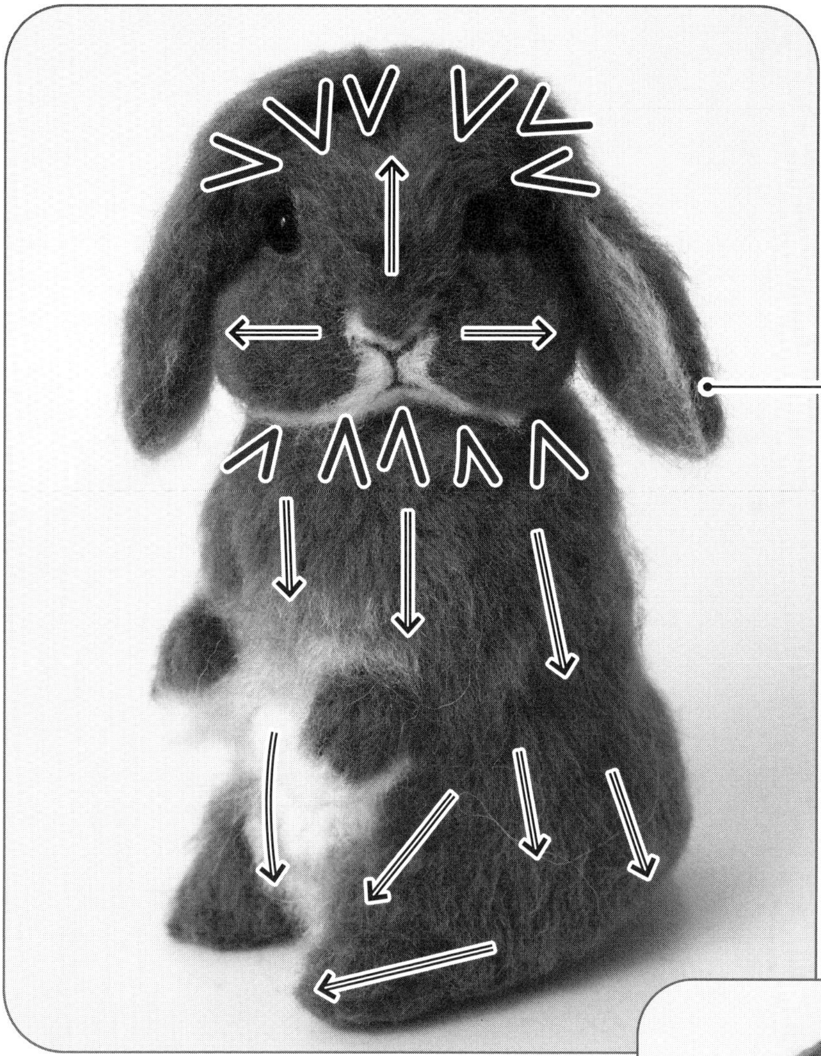

❷ 耳
目尻の延長線上に垂れ耳でつける。

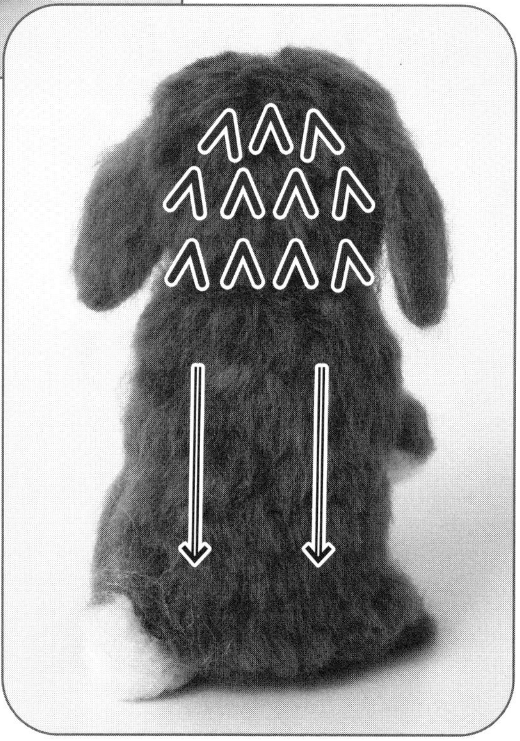

〘 フレンチロップ 〙

トライカラー

PAGE → p.18

SIZE：高さ10cm×幅10cm×奥行きx16cm

大きな垂れ耳が特徴で、ホーランドロップの倍以上の体格。本書の中でも一番大きなサイズです。足も太く作りましょう。

材料

羊毛等	ベース	アクレーヌ（101）34g
	耳のベース	アクレーヌ（114）1g
	植毛（茶）	Chocolat Box（オレンジ）8g
	植毛（オレンジ）	Chocolat Box（オレンジ）と植毛ストレート（553）各2g を1：1の割合で混ぜる
	植毛（薄茶）	Chocolat Box（フォーン）2g
	植毛（焦茶）	Chocolat Box（オレンジ）、ソリッド（30）、（34）各少量を同量混ぜる
	植毛（白）顔、ボディ、足、しっぽ	ソリッド（1）8g
	口周り	アクレーヌ（114）、ソリッド（1）
	鼻、あご	植毛（白）と同じ
	耳（表）	植毛（茶）、植毛（焦茶）
	耳（裏）	植毛（白）と同じ
	アイライン（黒）	アクレーヌ（112）少量
	鼻と口のライン	エクシードウール<並太>（836）
その他	骨格モール30cm×2本、グラスアイ（8mm）2個	

作り方

1 頭とボディのベースを作る

頭はアクレーヌ5.5g（ほお1g含む）、ボディは18gで作る。頭とボディをつなぎ、型紙（p.44）に合わせて調整する。

顔を作る

2 グラスアイで目をつけ、顔を［折り植毛］で植毛する。サイズが大きいので植毛用の羊毛は4cmにする。口周りの羊毛を刺しつけ、鼻とあごのパーツを作って刺しつける。口元のライン、アイラインを刺しつける。耳のパーツを作る。植毛（オレンジ）でクラウンを植毛したら、耳を頭に刺しつける。➡ 使用羊毛 参照

3 足を作る

骨格モールとアクレーヌで足のベースを作る。前足は骨格モールを18cmにし、アクレーヌ2gを二等分して幅2.5cm×長さ7cm（片足）に刺し固め、後ろ足は骨格モールを24cmにし、アクレーヌ4gを二等分して幅3cm×長さ7cm（片足）に刺し固める。指定の羊毛で表と裏を［折り植毛］で植毛する。

4 ボディを植毛する

サイズが大きいので植毛用の羊毛は4cmにする。おなかとボディの羊毛をそれぞれ［折り植毛］し、途中で足のパーツをアクレーヌ各2gで刺しとめる。首の付け根は［V字植毛］する。➡ 使用羊毛 参照

5 しっぽを作る

アクレーヌ0.5gでベースを作り、材料表の指定の羊毛で表と裏を刺しつけ、おしりの下につける。

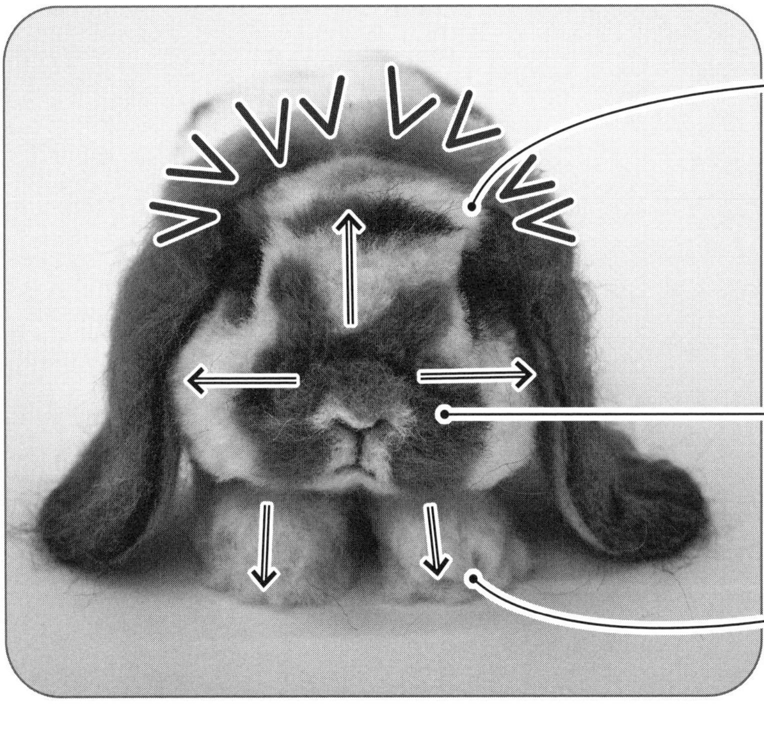

2 顔・模様

植毛前にチャコペンで模様を描いておき、植毛するときのガイドにする。

使用羊毛

主に植毛（白）の羊毛で植毛し、他の植毛カラー4色で模様を入れる。鼻とあごのパーツをつけたあと、さらに鼻の上を植毛（茶）と（焦茶）で刺しつける。

2 顔・口周り

使用羊毛

顔の植毛をしたら、口周りにアクレーヌ（114）、ソリッド（1）の順に羊毛を刺しつけ、うっすらピンクが透けるようにする。

3 前足

植毛したら、前足の外側に足指の境目を刺しつける。

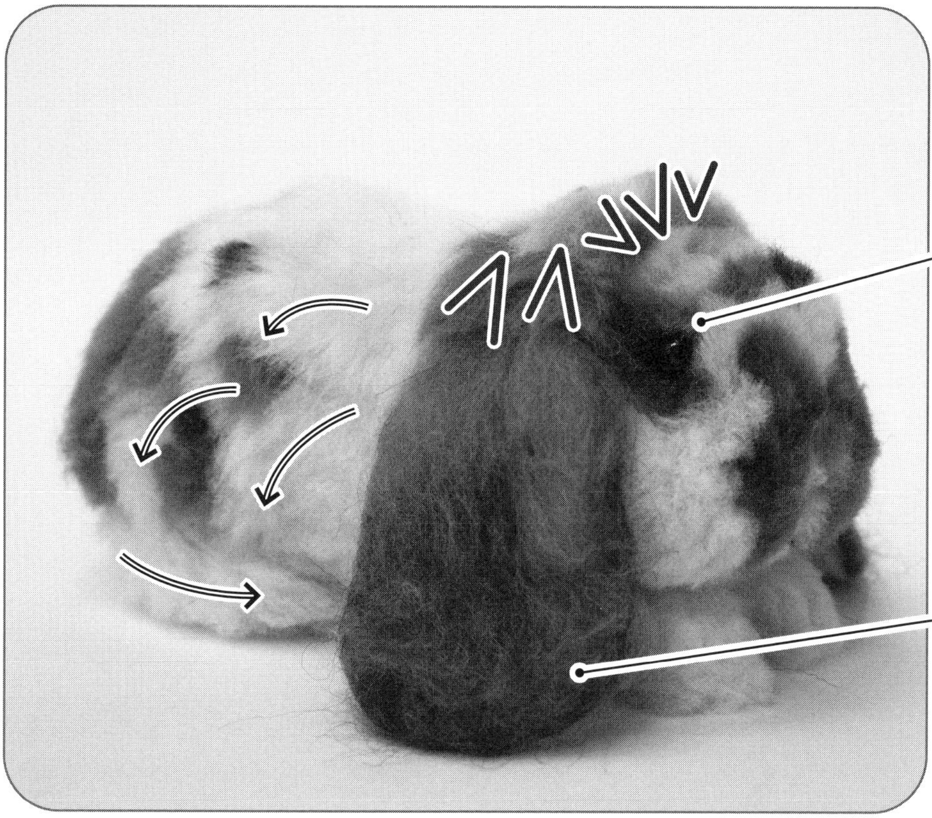

❷ 顔・目

使用羊毛

目の位置には大きめの範囲で植毛（茶）を植毛する。目の周りは植毛（焦茶）を（茶）に重ねて刺しつけ、アイライン（黒）を入れる。

❷ 耳

目尻の延長線上に垂れ耳でつける。

使用羊毛

耳の表側は主に植毛（茶）の羊毛で刺し、縁を植毛（焦茶）で刺しつける。

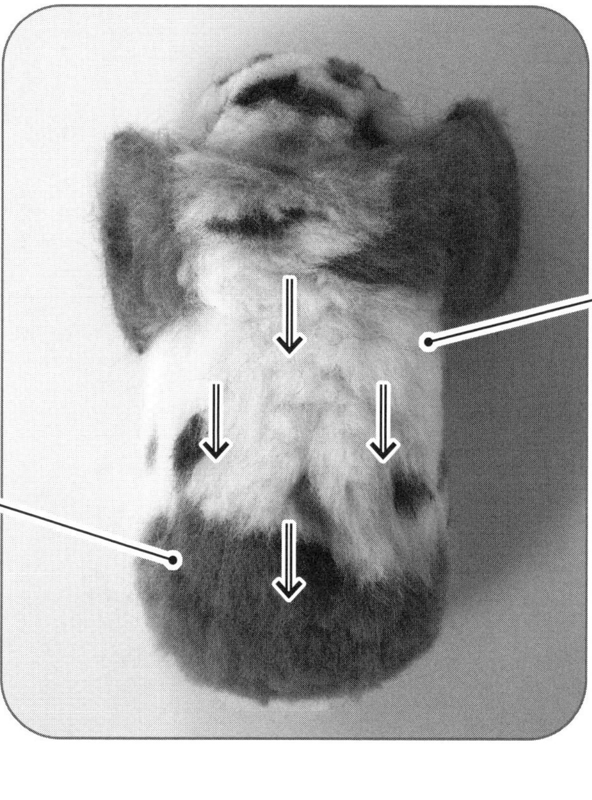

❹ ボディ・後頭部

使用羊毛

クラウンと後頭部、耳の付け根を植毛（オレンジ）で［V字植毛］する。

❹ ボディ

使用羊毛

主に植毛（白）で植毛するが、おしりに近い部分は植毛（オレンジ）で植毛し、模様を植毛（焦茶）や（薄茶）で入れる。

©うさぎ写真家uta

畑牧子

一般社団法人日本うさぎ羊毛フェルト協会®代表。
横浜市在住。短大で服飾を専攻。うさぎを飼い始めたのをきっかけに、独学で羊毛うさぎ制作を開始。2008年よりChocolat Box®名で作品の展示販売、教室開設。世界で一つのうさぎ専門羊毛フェルト教室として、全国各地、海外からも生徒が通う人気教室に。東京、横浜、大阪・オンラインで定期教室、個展、国内外でのワークショップの他、本物そっくりなオーダー制作も好評。現在まで、のべ4000名以上に教える。2018年、一般社団法人 日本うさぎ羊毛フェルト協会®設立。著書に『改定新版 リアルかわいい羊毛フェルトのうさぎ』(小社)がある。

ホームページ　https://chocolatbox.net
ブログ　https://ameblo.jp/chocolatbox/
インスタグラム　@chocolatbox

材料協力

ハマナカ株式会社
ハマナカコーポレートサイト
hamanaka.co.jp
メールアドレス
info@hamanaka.co.jp

クロバー株式会社
clover.co.jp

Chocolat Box®　ネットショップ
shop.chocolatbox.net
※ホームページからもアクセスできます。

撮影協力

D*taste(ディ テイスト)紙バンドミニチュア® 作家
村田美穂

STAFF

写真	奥川純一
デザイン	田山円佳(STUDIO DUNK)
編集	村松千絵(クリーシー)

本書の内容に関するお問い合わせは、お手紙かメール(jitsuyou@kawade.co.jp)にて承ります。恐縮ですが、お電話でのお問い合わせはご遠慮くださいますようお願いいたします。

本書に掲載されている作品及びそのデザインの無断利用は、個人的に楽しむ場合を除き、禁じられています。本書の全部または一部(掲載作品の画像やその作り方図等)をホームページに掲載したり、店頭、ネットショップ等で配布、販売したり、講習したりすることは、ご遠慮ください。

羊毛フェルトのちっちゃなうさぎ

同じカタチにつくれる型紙付き!

2023年 1月20日　初版印刷
2023年 1月30日　初版発行

著者　Chocolat Box 畑牧子
発行者　小野寺優
発行所　株式会社河出書房新社
〒151-0051　東京都渋谷区千駄ヶ谷2-32-2
電話　03-3404-1201(営業)
03-3404-8611(編集)
https://www.kawade.co.jp/

印刷・製本　凸版印刷株式会社

Printed in Japan
ISBN978-4-309-29265-6

落丁本・乱丁本はお取り替えいたします。
本書のコピー、スキャン、デジタル化等の無断複製は著作権法上での例外を除き禁じられています。本書を代行業者等の第三者に依頼してスキャンやデジタル化することは、いかなる場合も著作権法違反となります。